FACUNDO CAMPAZZO

EL RENACIMIENTO DEL BALONCESTO

JORGE MARTÍNEZ

CAMPAZZO / Jorge Martínez Morales
LIBROFUTBOL.com, 2022.

180 páginas; 15,2 x 22,9 cm.

ISBN 978-987-8943-18-3

1. Básquet.
CDD 796.323

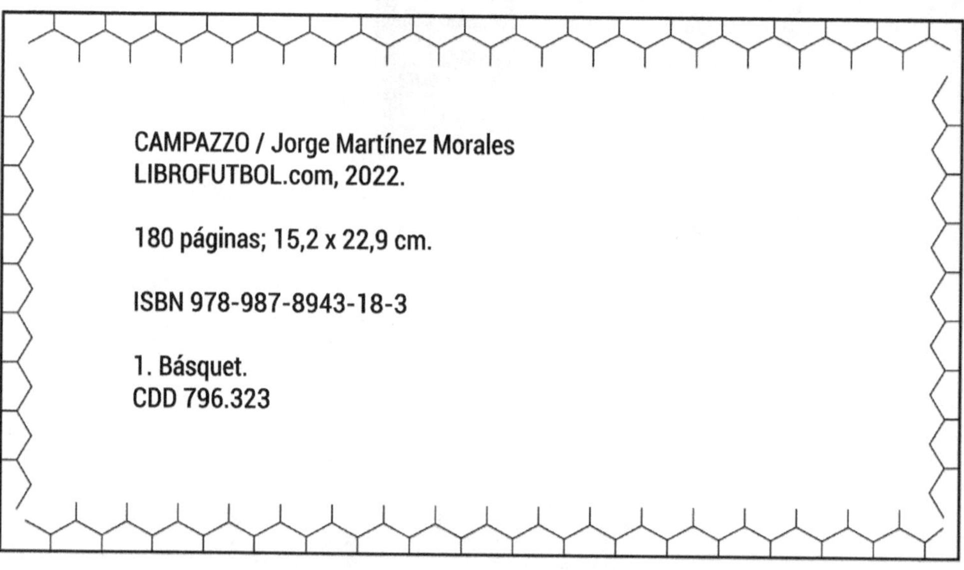

CAMPAZZO
de Jorge Martínez Morales

Cubierta: Luciano Medvetkin	Foto del autor: © Jorge Martínez Morales
© 2022 – Jorge Martínez Morales © 2022 – LIBROFUTBOL.com	Todos los derechos reservados
No se permite la reproducción parcial o total, el almacenamiento, el alquiler, la transmisión o la transformación de este libro, en cualquier forma o por cualquier medio, sea electrónico o mecánico, mediante fotocopias, digitalización u otros métodos, sin el permiso previo y escrito por el editor. Su infracción está penada por la ley.	
ISBN 978-987-8943-18-3	1ª edición: septiembre 2022

✉ ediciones@librofutbol.com

📞 +54 9 11 2215 1982

📷 librofutbol

Olga Cossettini 1112 - oficina 8F - Ciudad de Buenos Aires - Argentina

ÍNDICE

CAPÍTULO 1

ADIÓS, ARGENTINA

1.1 FACU, LAS CLAVES

La historia de Facundo Campazzo (Córdoba, Argentina; 23 de marzo de 1991) no es fácil de contar. Como cualquiera que quiere triunfar tuvo que hacer sacrificios y luchar contra corriente. Como cualquiera que intente superar los límites, se vio obligado a entrar en un laberinto de incógnitas y retos constantes que a veces no se pueden superar. Pero, como cualquiera que esté tocado por lo de arriba, consiguió alcanzar sus objetivos pese a las complicaciones que aparecieron sucesivamente.

Esa es la historia de un Facundo Campazzo que enamoró en Argentina a base de casualidades y trabajo, mucho trabajo. La del mismo jugador que inició un pro-

ceso de cambio físico radical durante varios años y que resultó determinante en su explosión en el baloncesto europeo. La del base que pasó de ser un jugador con panza y sin centímetros a la sorpresa en ACB, Euroliga y hasta la NBA. Toda una escalada para erigirse el líder de la esperada nueva generación de oro en el baloncesto argentino y que cuenta con la vara de medir de una camada de referentes como Ginobili, Nocioni o el sempiterno Luis Scola.

PEÑAROL MAR DE PLATA	Categorías inferiores a 2013/2014
REAL MADRID	2014/2015
UCAM MURCIA	2015/2016 a 2016/2017
REAL MADRID	2017/2018 a 2020/2021
DENVER NUGGETS	2020/2021 a actualidad

Plasmar en un libro toda su carrera es difícil. Y, sobre todo, porque a cada minuto que se escribe una página de este, el cordobés ya habrá sumado otro triunfo en su carrera. Es la constante actualización del profesional de élite.

Posiblemente usted, que se choca con cientos de páginas, ya haya conocido un hecho de Facundo con el que lo relatado aquí le parezca poco. Y le pido perdón por ello, pues uno se ajusta a la temporalidad de los hechos aunque pudiera hacer más de una —exitosa— previsión. Las estrellas, por mucho que brillen y fugaces que sean, siempre tienen una historia que sirve como hoja de instrucciones para entender su funcionamiento. ¿Por qué destellan?, ¿por qué se observan?, ¿por qué siempre llaman la atención de los cualquiera que solo miran anonadados? Campazzo no es excepción.

PEÑAROL MAR DE PLATA	4 Ligas Argentina, 1 Copa Argentina
REAL MADRID	2 Euroliga, 2 Copa ACB, 2 Copas del Rey, 4 Supercopas de España
DENVER NUGGETS	Rising Star 2020/2021

Para sentenciar esta breve introducción y evitar debates inconsistentes sobre por qué considerar a Facundo Campazzo una estrella, basta con resumir brevemente su palmarés. El base logró cuatro Ligas de Argentina, una Copa, una Liga de las Américas, una plata con la selección en el Mundial de 2019, dos platas en la FIBA AmeriCup, un Sudamericano, dos Euroligas, dos ACB, dos Copas del Rey y cuatro Supercopas de España.

20 galardones colectivos a los que se debe sumar una retahíla de reconocimientos individuales, desde MVPs de finales hasta su nombramiento para un Rising Stars de la NBA en su primera temporada en Estados Unidos y en la que, más allá de su adaptación, se contó con el punto en contra de jugar sin público por la pandemia del coronavirus.

Campazzo plantó cara a las dudas en Estados Unidos. Ya estaba habituado, pues se enfrentó a una situación similar en sus inicios en Peñarol. Y, de la misma manera, atravesó el mismo trance en un Real Madrid donde tuvo que dar un paso atrás para regresar más fuerte. Un guion algo repetitivo cuyo final siempre ha sido el mismo: el del éxito y reconocimiento del público. El mejor premio para aquel que no ha buscado la glorificación propia, sino el encumbramiento de los que le rodean. Una asistencia como en la cancha.

Pero, por encima de todo ello, reluce lo más valioso de la vida humana. Lo preciado inmaterial. Lo que no se vende. Lo que perdura tras la muerte y se intensifica cuando esta se acerca. La amistad de una familia genética y también elegida que ha construido una tela de araña perfecta para que cuando Facundo Campazzo se venga abajo pueda tener un sostén.

Aquí no se encontrarán críticas contra su persona ni contra su juego. No se leerán sucesos que menosprecien la dignidad del argentino. No habrá realidades diferentes a las contadas por aquellos que ejercieron de actores secundarios en la película de su carrera. Y no porque no se hayan buscado, sino porque lo que no puede ser, no puede ser y, además, es imposible (Rafael "Guerrita" Guerra).

1.2 LA DECISIÓN

Octubre de 2006. Es la fecha clave en la que Facundo Campazzo da el salto. En la que decide todo. En la que una sola palabra de su boca cambia por completo su vida. Aunque en su caso fueron dos. Primero "no" y luego "sí", pero pongamos el contexto. El base, con apenas 15 años, se encontraba en su Córdoba natal. Por entonces jugaba en el Unión Eléctrica, club de la zona y en el que Facundo intentaba despuntar. Bajito, como siempre, y con ciertos detalles de plasticidad en cada entrada a canasta. Es rápido, genera interés aunque no lidere, pero es bueno.

Facu, en esos tiempos, no difería demasiado de lo que es actualmente tal y como cuentan los que le conocen. Siempre fue hiperactivo. Siempre era un terremoto. Siempre había alguien que le tenía que parar los pies para que viviera al ritmo de los mortales. Campazzo incluso se desfogaba en el mundo del fútbol. Marcelo, su hermano —mayor que él—, relató en *Infobae* que su madre obligó al base a decantarse por uno de los dos deportes ante la imposibilidad de cuadrar horarios. Aunque era bueno en el fútbol, fue la pelota naranja la que se llevó el triunfo en la balanza.

Pero sigamos con el Campazzo baloncestista. Los primeros síntomas ya llaman la atención de los eruditos del baloncesto. Facu se va con su equipo a disputar un cuadrangular de la zona centro de la Liga Nacional Ju-

venil. Peñarol Mar de Plata, sin embargo, ya le tenía en su lista de talentos del futuro. Le habían visto por televisión durante alguno de sus viajes y había gustado. Esa cita sería fundamental.

En Peñarol entrena Osvaldo Echeverría, una de las figuras clave en el desarrollo de Campazzo. El técnico sabía de baloncesto. Mucho. Y de ahí que su opinión se tuviera muy en cuenta. El club se decide y comienza los primeros contactos para intentar ficharle. Le trasladan a Facundo sus intenciones. Quieren tenerle a largo plazo. No es un antojo de una temporada. Crecer, desarrollarse y a saber qué más. La oferta es firme: siete temporadas, hasta aproximadamente los 23 años. Sin embargo, y por sorpresa, Facundo rechaza la propuesta. La ve excesiva. No hay acuerdo.

Un chaval de 15 años, apoyado siempre por su querida madre y hermano y disfrutando de la adolescencia, no se atreve a embarcarse en un proyecto de siete años. Es una oportunidad única, pero arriesgada. Se había desplazado desde Córdoba hasta Mar de Plata para probarse en el campus del club y se había ganado la confianza de los dirigentes, pero regresa a Córdoba con su familia tras decir "no" a Peñarol, porque le parecía un contrato muy extenso.

La decisión pudo haber sido histórica, pero por suerte para el baloncesto no tardó mucho en ser modificada. Campazzo quería jugar al baloncesto, quería ir a Peñarol, quería dar el salto. Casi 15 días después de rechazar la propuesta, el cordobés rectificó y dio su "sí". Se involucraba en el proyecto de formación de Peñarol. Fichaba por un club de relevancia en todo el país. Comenzaba una carrera con numerosos retos y constantes sorpresas.

"Peñarol es un club de Mar del Plata donde el básquet es casi el 100 % de la actividad. Es un club muy afectuoso, de mucha familia, donde encontró un lugar donde se sintió a gusto", relata Alejandro Amoedo, uno de los dirigentes de la entidad. "Se acopló al sistema de reclutamiento y se fue ganando él solo su lugar. Destacaba en todas las categorías, se veía que tenía un ángel. Ama lo que hace y se divierte y es feliz jugando al básquet". Todo estaba por venir, pero no había hecho más que comenzar.

Facundo abandonó Córdoba siendo menor. Dejaba a su familia para pelear por un sueño. Y lo hacía cambiándose a una ciudad a más de 1000 kilómetros de distancia y unas 11 horas en coche. La madurez acechaba. Los miedos también. No era nada fácil. Ni para él ni para su madre, sostén intocable de la vida y carrera de Facundo.

"Llegó a los 15 años. Un chiquito con una inquietud muy especial, muy hiperactivo y con una luz en sus ojos que cuando uno conoce a su familia, enseguida se da cuenta de que son los ojos de su madre. Su madre es todo para Facundo. Todo lo que es Facundo es su mamá. Capaz de viajar 14 horas desde Córdoba para ver

un partido de infantiles y luego volverse a su ciudad", la mejor definición, como cuenta Amoedo.

El dirigente explica la peculiar negociación: "Le ofrecíamos un contrato de siete años, le parecía muy extenso y se volvió a Córdoba. A los 15 días volvió para quedarse". "Se acopló al sistema de reclutamiento y se fue ganando él solo su lugar. Destacaba en todas las categorías, se veía que tenía un ángel. Ama lo que hace y se divierte y es feliz jugando al básquet".

Campazzo tuvo mucho valor para embarcarse en este proyecto. Más de un talento se habrá quedado por el camino por su negativa a despojarse de todo lo que quiere un chaval en plena adolescencia. Renunciar a parte de tu vida por un sueño del que es muy fácil despertarse. Pero lo hizo pese a los riesgos.

El organigrama de Peñarol también ayudó. Su forma de acoger a los más jóvenes y el entorno que se construyó consiguieron que Campazzo se adaptara fácilmente. En primer lugar, el joven se fue a vivir a una pensión donde encontraría a su "segunda mamá": Stella Galli, quien ejercería como "su rol familiar", según Amoedo.

Esta mujer siempre ha colaborado con el club, cuentan desde Peñarol. Su pensión sirvió de vivienda para Facu. Y, en los momentos en los que el turismo llenaba sus habitaciones, el jugador incluso se marchó a vivir a su casa. Galli le cuidaba y, además, mantenía contacto con Mary, madre de Facundo. Los más de 1000 kilómetros no eran tan dolientes para ninguna de las partes sabiendo que Campazzo estaba en buenas manos.

De hecho, Galli falleció el pasado 2019 en una dura pérdida para el club. "Nos dejó Stella, mucho más que una oficial de mesa del club. Gran persona, buena, alegre y querida por todo el básquet de la ciudad y la zona. Amiga, madre, abuela, cocinera y compañera", explicó en su despedida el Peñarol.

Facu, como era de esperar y reflejo de su cariño, también dijo adiós a quien tanto le dio: "No te ibas de la habitación hasta que me durmiera porque me daba miedo. Tu amor es algo que voy a guardar toda mi vida". Un mensaje al que se sumaron otros como el propio Oveja Hernández, Martín Leiva y decenas de jugadores que pasaron por las instalaciones milrayitas.

Otra de las claves de su adaptación sería el propio Osvaldo Echeverría, figura de referencia en los banquillos y quien le echó el ojo previamente a su fichaje. De su moldeador, además de Facundo Campazzo, han salido otros jugadores muy reconocidos en Argentina como Marcos Mata. Echeverría es una de esas figuras que sabe lo que hace y que detecta el talento con un simple análisis. "Un obsesivo de la técnica individual", reconoce Amoedo.

También sería importante Sergio Hernández, el Oveja. "El mejor técnico que tiene en Argentina" porque "te forma, no solo como deportista, sino también desde lo

humano". El exseleccionador tuvo, según el dirigente, "mucha incidencia en lo que es Facundo como jugador".

Pero ese entorno del que siempre se habla no acaba ahí. Su relación con diferentes miembros del club, que casi se convirtieron en su familia; jugadores como Leo Gutiérrez en Peñarol, o compañeros en el equipo nacional como Scola, fueron dando pinceladas de talento a la figura de Facu. "La palabra de Luis fue un punto de inflexión", incide Amoedo.

Al fin y al cabo, Campazzo siguió el proceso de muchas otras estrellas del país. Porque Argentina, algo tiene: el endiosamiento de sus deportistas siempre va ligado a la lucha contra las adversidades de la sociedad.

Fernando Rivero, segundo del Oveja durante los mejores años de Peñarol, lo cuenta a la perfección tras su labor con Campazzo. En total estuvo cinco años en el club: cuatro como mano derecha del técnico Hernández y una última como principal. Sería, por lo tanto, el último entrenador de Facu en Mar del Plata. Rivero, que guarda un recuerdo perfecto —como todos—, lo relata:

"Acá vivió en casas con compañeros, en un hotel con extranjeros… Siempre luchándola. La luchó como todo argentino de clase media. Ese corazón, esa garra, las condiciones en las que uno se ha criado deportivamente como ser humano, casi siempre son adversas. A la hora de estar en un nivel superior".

Porque Facundo "tiene algo diferente, disfruta, no sufre. Lo hace más natural. Lo ves y sabes cuándo está enojado. Ha pasado momentos difíciles, duros, pero teniendo siempre el norte claro". Así como Echeverría ayudó al jugador a corregir algunos aspectos técnicos, Fernando "Tulo" Rivero sería uno de los impulsores del base al primer equipo.

1.3 DE LA DESGRACIA, UNA OPORTUNIDAD

Dos años después de fichar por Peñarol Mar de Plata, el Facundo Campazzo de 17 años tiene la oportunidad de debutar con el primer equipo. Era joven, pero ya venía llamando la atención. El proceso de formación había dado sus frutos y la suerte, desgracia para otros, le sonreía.

Su debut se produjo en 2008 en un partido de la Copa Argentina. Apenas unos segundos sobre el parqué. Una presencia irrelevante en un duelo disputado en septiembre, pero que supondría su primer pasito. Poco después, en octubre, llegó otra oportunidad. Campazzo debutó en Liga Nacional. Peñarol aplastaba a Gimnasia y Esgrima de Comodoro Rivadavia y Sergio Hernández decidió darle la oportunidad. El base anotó sus primeros puntos y Peñarol vio nacer a la que iba a ser su gran estrella.

104-110 (DERROTA CONTRA BOCA JUNIORS)	6 puntos, 1 asistencia, 6 de valoración en 6 minutos
82-86 (VICTORIA CONTRA BOCA JUNIORS)	1 punto, 1 asistencia, 2 rebotes, 2 de valoración en 12 minutos
84-85 (VICTORIA CONTRA BOCA JUNIORS)	7 puntos, 2 rebotes, 7 de valoración en 17 minutos

Datos de la primera ronda del Playoff 2008/2009 (datos Proballers)

Esa temporada Facu ganaría algo de experiencia. Todavía demasiado joven, pero paulatinamente teniendo presencias en los *playoffs*. En la final acabarían cayendo en el último partido ante Atenas. Facu mezcló ausencias con ínfimas apariciones de un par de minutos. No destacaba, pero para cualquier chaval ya era todo un triunfo poder estar con los mayores en toda una final del campeonato nacional. Las sensaciones fueron buenas y la confianza depositada en él todo un acierto.

La 2008/2009 terminó con Facu disputando 14 partidos con 17 años. Según los datos de Proballers, promedió cerca de 1,1 puntos y 0,9 asistencias. Sorprendentemente, la estadística le sitúa con más puntos que asistencias. Quién le iba a decir a Campazzo que hacer felices a sus compañeros con pases de canasta acabaría siendo su principal arma en una cancha y el signo de distinción para llamar la atención de los grandes clubes.

69-61 (DERROTA CONTRA ATENAS)	0 de valoración en 2 minutos
74-76 (DERROTA CONTRA ATENAS)	3 puntos, 1 rebote, 3 de valoración en 1 minuto
77-68 (VICTORIA CONTRA ATENAS)	1 rebote, 1 de valoración en 10 minutos
79-76 (DERROTA CONTRA ATENAS)	1 rebote, -1 de valoración en 1 minuto
83-91 (DERROTA CONTRA ATENAS)	1 de valoración en 4 minutos

Datos del final del Playoff 2008/2009 (datos Proballers)

La siguiente campaña, 2009/2010, los datos reflejan un notable ascenso hasta los 37 partidos disputados con una media de 19 minutos por encuentro. Campazzo ya anotaba más (6,0 puntos), ya reboteaba más (1,9 capturas) y por fin empezaba a asistir (1,7 pases de canasta). En total, acumuló 8,2 créditos de valoración por cada partido disputado. Esta sería su última temporada antes del gran salto. La reconversión en estrella estaba cada vez más cerca.

La temporada 2010/2011 dio a Campazzo 44 presencias, las mismas que las principales estrellas del equipo, pero con un rol diferente. Tenía 19 años y compartía

equipo con nombres como Leo Gutiérrez, Marcos Mata, Martín Leiva o Tato Gutiérrez. Este último acabaría siendo clave en su explosión. Un problema cardíaco le obligó a dar un paso atrás y Campazzo fue el elegido para suplir su puesto. Todo cambiaría para el joven base de cara a la 2011/2012.

Era septiembre de 2011. Tato Rodríguez (Mar de Plata, 1978) se veía obligado a parar. Una leyenda del club, que creció en categorías inferiores y se hizo capitán, no podía continuar jugando al deporte que amaba. Pablo Sebastián, su nombre completo, dejaba un hueco muy complicado de rellenar en la plantilla del Oveja.

"Los estudios de hoy revelaron que no puedo seguir en la alta competencia. Lo importante es que se descubrió esto y puedo vivir tranquilo con mi familia", explicaba el base argentino sobre la arritmia cardíaca que le habían detectado.

"Nunca esperé recibir una noticia así. Jamás pensé que iba abandonar la carrera por una cosa así. Es un cachetazo muy duro y difícil de asumir. Me llevará un tiempo aceptarlo", recogen medios del país como *La Nación*. Mientras otros jugadores que habían tenido problemas similares como Oberto o Gutiérrez pudieron continuar formando parte del equipo, lo del Tato no tenía remedio.

Esa temporada, Campazzo se convertiría en el mejor jugador del equipo. Proballers le sitúa con más de 18 créditos de valoración media, dato superior al de cualquier compañero de plantilla. Sus 20 años le valían para anotar 13,2 puntos, dar 7,1 asistencias y capturar 4,3 rebotes por encuentro. Todo con un 50% de acierto en tiros de tres, factor que en el baloncesto actual no pasa desapercibido.

Antes de que se produjera esa oportunidad, Campazzo tuvo que trabajar mucho. Ya iba dando destellos y las oportunidades, como muestran los datos, se fueron produciendo paulatinamente. Sin embargo, también hubo decisiones que pudieron influir en él: desde el fichaje que nunca llegó a Peñarol hasta el plan de equipo que tenía Sergio Hernández.

1.4 UN CANTERANO ESTRELLA

Facundo Campazzo siempre tuvo que lidiar con los prejuicios. Él no tenía un físico preponderante. No era ni el más alto ni el más fuerte. Todo lo contrario. Sin embargo, sí que tenía inteligencia y calidad. Veía el baloncesto de una manera muy particular. Y eso, en categorías inferiores, siempre llama la atención. Mientras los "grandes" puede que se lleven los puntos y los focos, la estadística y las sensaciones nunca mienten.

Bien lo sabe Fernando "Tulo" Rivero, quien coincidió con Campazzo en Peñarol Mar de Plata tanto de segundo entrenador como de primero. Él, de hecho, fue el último entrenador que tuvo Campazzo en Argentina. Él vivió de cerca tanto su ascenso como su explosión. Y,

cómo no, su irremediable marcha rumbo al Real Madrid, pero esa es una historia que se contará más adelante.

Pasado el tiempo, Tulo tiene claro que Campazzo es diferente al resto. "Ha logrado todo lo que se ha puesto en su cabeza. Tiene una mentalidad superadora. De demostrar a sí mismo, no al que hablaba de que no podía jugar y que su altura no se lo iba a permitir. Está donde él quería". Y eso es en la NBA tras haber pasado por los mejores clubes de Argentina y Europa.

Rivero estuvo 10 años en Peñarol: "Estuve 10 años en Peñarol Mar de Plata. Los cinco que hace como profesional cuando empieza a mezclarse con los mayores, yo era asistente. Lo tengo cuatro años de asistente, y el último de él coincide con el primero mío de jefe", relata el técnico que vio sus primeros pasos.

En su mano estuvo gran parte de la culpa de que Campazzo subiera al primer equipo. Como buen segundo entrenador, era la sombra de Sergio Hernández. Consejos, datos, posibles perfiles para reforzar el equipo… Lo habitual que un ayudante tiene que hacer para contentar al entrenador jefe.

"Yo iba a verle a los partidos, invitaba a los jugadores a entrenar con el primer equipo". Y "una de esas citaciones era a Facu". El chico que, recordemos, llegó con 15 años a Peñarol iba a tener la opción de probarse con los mayores. Las sesiones de entrenamiento fueron el primer paso. Luego llegaron esas apariciones esporádicas.

Como culmen, estaría su afianzamiento y estrellato en el primer equipo.

"Sus primeros entrenamientos eran como tercer base o cuarto. Pero lo que marcó desde un principio es que, cada vez que le tocaba entrenar con el equipo profesional, estaba al cien por cien atento de las indicaciones de Sergio y de tratar de asimilar lo que podía".

No era nada fácil para Facundo Campazzo destacar en ese Peñarol. Su salto coincidió con la presencia de Leo Gutiérrez o el mismo Sergio Hernández. Era, como destaca Fernando Rivero, la "época dorada" de Peñarol.

Campazzo, como cualquier canterano, era algo tímido. "El tipo no hablaba, o lo hacía súper respetuoso, y lo ejecutaba". Miraba, observaba, analizaba, obedecía. Facu no hacía ruido, sino que cumplía todo lo que le dictaban los que sabían. Unos consejos que siempre tuvo en cuenta y que acabaron por recompensarle con el éxito.

"Arranca compartiendo entrenamientos. Después empieza a ganar terreno, pero siempre siendo el tercer o cuarto base. Hasta que en un partido Sergio lo pone e hizo cosas interesantes. Sergio me decía: 'Está bien este tío, está bien'".

La gran pregunta es cómo llegaron a darle la oportunidad a ese joven que no destacaba por su físico. "Si ves fotos, te querés morir. Un pececito gordito", le recuerda Rivero. Pero su potencial conseguía superar todas esas creencias sobre que Campazzo no iba a poder lle-

gar muy lejos ni aportar demasiado a un primer equipo con excesivo talento.

"Era su constancia, nunca amedrentarse. Era junior y marcaba al base titular y no lo dejaba pasar. No le importaba el apellido del de enfrente. Pensaba en mejorar él", cuenta Rivero sobre cómo eran sus entrenamientos. La figura de Campazzo se iba formando. Era callado, aplicado, pero cuando pisaba el parqué se olvidaba de jerarquías para hacer de la defensa su principal característica. Todo hasta que llegó ese salto al primer equipo.

"Cuando juega la primera liga, era el tercer base. Teníamos a Tato Rodríguez, Legaria, que venía de dominar las últimas cuatro temporadas", recuerda Tulo Rivero sobre la temporada 2009/2010. Campazzo, cabe recordar, había tenido apariciones concretas en la temporada anterior. Sin embargo, sería en esta cuando empezara a contar para el Oveja.

"Campazzo empieza a ganarle minutos al segundo, lo hace bien y cierra partidos. Salimos campeones. Armando el equipo me dice Sergio: 'Qué bien Facu'. Y le dije: 'La próxima temporada va a estar más complicado porque va a estar *scauteado*". Rivero ya era consciente de que los ojeadores y los analistas del resto de equipos iban a conocerle. En parte, el hecho de que un jugador desconocido dé el salto contra todo pronóstico al primer equipo supone una ventaja por la imposibilidad de conocer su juego.

Campazzo contaba con ese factor sorpresa. Pero, como apuntó Rivero a Sergio Hernández, la temporada 2010/2011 esa suerte acabaría: "Esta es tercer base. Quedó ahí la anécdota". Pero con el tiempo, cuando ambos técnicos se unen, recuerdan esa previsión: "Hoy cuando nos juntamos: '¡Qué visión que tenías vos!'. "Era una esponja. Absorbía todo y mejoraba constantemente. En ese entonces no se había apuntado a lo físico, era técnica y su mentalidad ganadora". Esta frase es muy importante en la historia de Campazzo, pues su cambio de alimentación y entrenamiento todavía no se había producido. Pese a ello, ya era determinante.

1.5 SALVADO POR LOS 'NO FICHAJES'

Como recordaba anteriormente Amoedo, la baja de Tato Rodríguez cambió su rol: "En los inicios, él tiene un toque de suerte. En una liga pasa a ser el segundo base. El titular iba a ser Tato Rodríguez. Era el capitán, un emblema de la institución. Le encuentran un problema del corazón y Facu pasa a ser el titular. Era jovencito".

El anuncio de Tato Rodríguez y su problema de corazón se produce en septiembre de 2011. Apenas unos meses después de que el base firmara su renovación por dos temporadas, lo que daba muestra de su peso en el equipo de Sergio Hernández.

Cuando llega la noticia, no hay vuelta atrás. El base titular no iba a poder volver a jugar por problemas de salud. Y claro, la planificación de la plantilla cambia por completo. El director de juego que habían logrado amarrar en verano con un nuevo contrato se esfumaba por cuestiones médicas. Sergio Hernández se ve sin su jefe en el parqué y sin un recambio en el vestuario que pudiera ocupar dicha posición a lo largo de todo el curso. La opción de Campazzo todavía no termina de convencerle por su juventud e inexperiencia. Hay que recordar que fue en 2009 cuando empezó a tener en cuenta a Campazzo como miembro oficial y fijo de la primera plantilla, por lo que su recorrido no era excesivo, pese a sus brillantes facultades.

"Sergio empieza a buscar un base para ser titular porque creíamos que todavía le faltaba. Se busca en Europa. Alguien de otro nivel.". Buscan, buscan, buscan, pero nunca encuentran. La idea de que Campazzo funcionara solo como revulsivo, papel que estaba disfrutando hasta ese momento, perdía fuerza.

"Facu era el revulsivo, el que cambiaba el ritmo del juego. Mientras se buscaba, que no encontrábamos nada, Facu titular. Un partido, lo hace bien…. Conclusión: pasaron los partidos, Facu llevaba bien las riendas del equipo y no podíamos encontrar nada. Se buscó un base sustituto y Facu pasó a ser el titular. Él estaba preparado, tuvo el problema de su compañero y amigo". Ya era oficial: Facundo Campazzo se hacía con el control del juego de Peñarol Mar de Plata, después de unas primeras temporadas tanteándose con el equipo.

Esta temporada, la 2011/2012, Facundo Campazzo se consagraría. Tanto que los datos le sitúan como el mejor pasador del equipo a lo largo de toda la temporada. Tenía solo 20 años y con su peculiar altura de 1,80 metros llegó a promediar 7,1 asistencias por encuentro.

Por ponerlo en comparación, la estadística de Proballers sitúa al segundo mejor asistente del equipo en 1,6 pases de canasta por encuentro (Kyle Lamonte) y al tercero con apenas 1,4 por duelo (Nicolás Lauria). El curso anterior, cuando era Tato Rodríguez quien organizaba el juego de Peñarol, el veterano se quedó en una media de 3,4 asistencias por encuentro y Lamonte, de nuevo segundo mejor asistente, concluyó con 2,5 por partido. Es decir, Campazzo mejoró los datos y concentró el control del juego.

Este momento es clave. Diego Morini, periodista de La Nación, lo explica. Campazzo no se ganó un hueco en los grandes medios hasta que no se hizo con la dirección de juego. El fútbol era el deporte que acaparaba todos los titulares, por lo que no había demasiado espacio para el baloncesto. Peñarol o un joven base que desde los 17 años estaba empezando a conquistar a un entrenador histórico para el país como Sergio Hernández.

"Para los medios masivos", relata el periodista, "Campazzo empieza a ser figura a partir de su explosión en el Peñarol dominante". En Argentina el deporte

madre es el fútbol, el básquet no tiene una trascendencia como sí tiene en España. La Liga Endesa es la más poderosa después de la NBA y la Euroliga. A partir del Peñarol dominante, con Leo —Gutiérrez— y Oveja, Facundo empieza a dominar la liga y los grandes medios empiezan a tomar nota.

Sin embargo, su nombre sí que era conocido para los grandes seguidores del deporte de la pelota naranja. Para los medios especializados, Campazzo era Campazzo al poco tiempo de llegar a Peñarol.

El tiempo aumentaría su importancia, especialmente cuando fichó por el Real Madrid en 2014. Lo mismo que ha sucedido con Vildoza; fue Vildoza para los grandes medios cuando se fue a Baskonia y no cuando despuntaba en el Quilmes de Mar del Plata. Pero eso es otra historia, que llegará más adelante.

1.6 EL PESO DE LEO GUTIÉRREZ

La carrera de Facundo Campazzo no se comprendería sin Tulo Rivero ni Sergio Hernández. Tampoco sin esa retirada repentina de Tato Rodríguez por razones médicas. Pero, de igual manera, hay un factor inamovible llamado Leo Gutiérrez que ejerció de padre de Facundo Campazzo durante su estancia en Peñarol Mar de Plata. Si Stella Galli fue su segunda madre, Leo fue su segundo padre.

El jugador argentino llegó a Peñarol Mar de Plata en la temporada 2009/2010. Justo el año en el que Campazzo pasa a ser jugador del primer equipo. Representaba la figura de un alero con experiencia suficiente en el baloncesto argentino y miembro de la generación dorada. Todo un fichaje estrella para Peñarol que también se convertiría en fichaje estrella para Campazzo.

El primer gesto, el más importante, estuvo en un simple cambio de habitación. "Leo Gutiérrez compartía habitación con Selem Sazar", relata Tulo. Este escolta tenía por aquel entonces 22 años, por lo que también era uno de los jóvenes talentos de Peñarol. "Cuando Leo ve que lo hacen titular —a Facu—, cambia la habitación [en la que se hospedaba la plantilla en cada salida de partido]".

"Se lo toma a Facu y deja a Sazar, porque sabía que a Facu lo tenía que llevar". Gutiérrez sabía que debía trasladar todo su conocimiento, toda su experiencia y sabiduría a un jugador al que las circunstancias podían superarle. Leo pasaba las 24 horas con él. Un tiempo en el que hizo que Campazzo "tuviera la cabeza ganadora que tiene hoy en día", como reafirma Rivero.

"Cuando llegué a Peñarol, Facundo estaba dando sus primeros pasos. Llego, lo conozco. Ya lo había visto jugar en contra y veía un chico con mucha inquietud, con muchas ganas y muy activo. Iba a ser una apuesta del entrenador de tenerlo como tercer base", recuerda un

Leo Gutiérrez al que se le quedaron grabados los primeros pasos de ese joven Facundo Campazzo.

"Acaba jugando como segundo y mucho tiempo, siendo el revulsivo". Campazzo era quien salía del banquillo a revolucionar todo. Tal era su energía que incluso tenían que pedirle que bajara de marcha. "Había que frenarlo un poco porque tenía el ímpetu de ir e ir. Había que frenarlo para que entendiera el juego. Tenía muchas ganas de crecer, preguntaba cosas, quería corregir las cosas que iban mal". Su ansia por mejorar marcaba el día a día de un Campazzo que imitaba a los grandes.

Campazzo suplía sus condiciones físicas con su pasión. Su altura la sustituía la inteligencia. La fuerza física la cambiaba por constante aprendizaje. Lo que le faltara en la cancha pasaba desapercibido por su excesiva intensidad. La figura del base era muy diferente a la de hoy en día, donde se ve a un jugador de perfil "fino" físicamente y gran resistencia.

"Facu no era un superdotado físicamente; no es lo que es hoy. Facu era bajito y más gordito. Pero tenía esa explosividad que tiene hoy. Tenía esa energía de correr la contra, defender toda la cancha… Desde que lo conozco, 17-18 años, tenía ese ímpetu de ir todo el tiempo. A mí me llamaba la atención su energía, todo el tiempo tenía energía y ganas de aprender. Preguntaba muchas cosas. Quería aprender y mejorar, quería crecer y ser un profesional del básquet", repite Leo Gutiérrez.

"Aprender" podría ser el apellido de ese jovencito de Córdoba.

Leo no olvida los obstáculos que tuvo que superar Campazzo. Es el guion de su historia. Un bajito que se hizo hueco entre los grandes. Un "panzón" que acabó evolucionando. Un canterano que, de casualidad, se encontró con un hueco en el primer equipo de ese club que le captó cuando apenas era un adolescente con todo por aprender.

"Siempre trabajó para crecer y siempre con respeto. Se ha comido muchos retos de distintos compañeros y los afrontó de buena forma. Los valores que tiene, desde su familia y su mamá Mari, son valores de humildad. No creerse que se puede llevar el mundo por delante, sino que tiene que trabajar con humildad y sacrificio", le define un Leo Gutiérrez que, si de algo sabe, es de baloncesto y de jóvenes talentos. En el caso de su coincidencia con Campazzo, lo comprobaría hasta el año en el que fichó por el Real Madrid. Ambos llegaron casi a la vez y Facu fue quien se marchó antes.

La primera temporada de Campazzo fue ganando minutos esporádicos (2008/2009). La segunda ganó más protagonismo (2009/2010). La tercera le dio la oportunidad de su vida (2010/2011). Luego, Facundo Campazzo ya sería la estrella de un equipo que le había visto crecer.

"Los primeros dos años que juego en Peñarol, Campazzo pasó el primer año de ser tercero a segundo base,

con esa personalidad de hiperactivo y descontrolado. Como segundo base creció en visión de juego, leer los momentos del equipo. Y el tercer año, Facu pasa a ser de segundo a primer base. El titular [Tato] tiene un problema cardíaco y tiene que dejar de jugar básquet. Pasó de ser un revulsivo a un jugador que iba creciendo en el estacionado. Todas las cosas que necesita tener un base. Se transformó en un especialista". La (r)evolución de Campazzo se hacía realidad.

Leo Gutiérrez, que ya le había cogido en la habitación para compartir vivencias e ir formando al jefe que es hoy, empezó a trabajar junto a él también en los entrenamientos. "Ese año nos ponemos a trabajar juntos. Trabajamos diferentes situaciones que tenía que mejorar en los días libres. Fue mejorando su tiro, *dribbling*, pase. Le dimos consejos todos los jugadores mayores".

Campazzo sacaba algo valioso de cada detalle. Tanto que un día le dijeron que podía hacer caños y él lo "compró" como un recurso más para el juego de ese base de 1,80 metros justos. Así recuerda Leo Gutiérrez el día en el que enseñaron a Campazzo que los bajitos también podían hacer magia en el baloncesto:

"Él perdía muchas pelotas por pasar a los grandes por arriba. Al ser bajito las perdía mucho. Y un día le dije de hacer un caño. Lo incorporó a su juego. Las cosas que le decían los mayores las tomaba y lo hacía propio. Por eso creo que fue evolucionando como ha llegado a evolucionar él".

Cualquiera diría que todo Peñarol se volcó en enseñar a Facu. Leo Gutiérrez incluso se molesta cuando dicen que fue el maestro de Campazzo. Sin embargo, el veterano argentino no olvida que también el base les aportó muchísimas cosas. Desde la energía, hasta el potencial por descubrir en una cancha de baloncesto.

"Tener un chico como él fue muy positivo. Nos llevó adelante en muchas ocasiones siendo líder. Puedes tener los jugadores con experiencia que quieras, pero si no les haces caso, te entra por un oído y te sale por otro, no vas a evolucionar". Justo lo contrario que hizo el hijo de Mari.

"Facundo fue evolucionando de distintas formas. Conmigo trabajaba mucho el lanzamiento de tres puntos, el *pick and roll*. Estaba en el poder de su cabeza, en su mentalidad. Parecía que no se cansaba nunca. Facu era como una esponja, absorbía todo lo que le dabas". Hoy en día, el bloqueo y continuación es una de sus jugadas maestras. El triple, aunque en la NBA se le está resistiendo, también le llevó a ser una de las referencias ofensivas en el Real Madrid.

El Facundo Campazzo deportista hacía caso a todo, como ha quedado reflejado en los testimonios de aquellos que le acompañaron. Pero, ¿daba problemas ese adolescente que se codeaba con un equipo que quería ganar la liga argentina? Pues justo para eso apareció Leo Gutiérrez. Ese cambio de habitación que puede pa-

recer algo baladí tenía un gran trasfondo que ha acabado siendo clave en Campazzo.

"Siempre he estado con algún jugador joven del equipo para mostrarle un poco mis hábitos de entrenamiento, para que buscaran el suyo, su forma de descansar, charlar de la vida, darle consejos", destaca Leo Gutiérrez, por entonces (y hasta el final de su carrera) un profesor para todos aquellos que comenzaban en el mundillo.

"La carrera de deportistas es muy corta; hablar del tema del dinero, del amigo del campeón, de que la gente se te acerca y muchas veces en vez de hacerte bien te hacen daño. Intentaba aconsejarlo de esa forma y siempre me gustaba estar con chicos jóvenes". Hay que destacar que Campazzo empezó con 17 años a entrenar con Peñarol Mar de Plata de forma habitual. Una edad complicada en la que perderse es muy fácil.

"Con Facu pasa justo lo de Tato", rememora Leo. Es 2011. "Sergio Hernández me dice que nos vamos a quedar con él de titular y en entrenamiento decido dejar de estar con [Selem] Safar y me voy con Facundo". La relación entre Campazzo y Gutiérrez llegó a tal punto que "fue un poco como una adopción".

"Lo llevaba a comer a casa. Tenemos muy buena relación con su mamá. Siempre que lo llevábamos para comer a casa le aconsejábamos para invertir bien su dinero, que tuviera cuidado con las mujeres... Un montón de cosas, además del tema de entrenamiento". Lecciones de vida fundamentales para cualquiera. Y que, además, el tiempo ha demostrado que han tenido su efecto. Campazzo hizo familia en Murcia y, a diferencia de otros jugadores de la NBA, no se le conoce ningún escándalo extradeportivo.

Leo Gutiérrez trabajó esa amistad y evitó que se rompiera en cualquier altibajo. "Siempre le enviaba un mensaje para quedar antes del entrenamiento para tirar. A él le gustaba que lo aconsejara y presionara. Muchas personas me dicen que fui como un mentor, pero para mí Facundo se hizo él mismo. Fue tomando todo lo que le iban dando y lo iba perfeccionando", aclara humildemente el veterano.

Facu estaba en constante vigilancia. Y eso que miles de kilómetros le separaban de su madre. Pero los consejos de este grupo de compañeros reconvertidos en familiares fueron suficientes. "Era inteligente, ningún tonto, nunca fue de confiarse de la gente. Tenía esa energía de juventud, le gustaba estar activo todo el tiempo. Salir con sus amigos, con sus compañeros... Pero eran cosas que hacían todos los chicos jóvenes".

Campazzo siempre acababa cumpliendo a nivel deportivo: "Lo disfrutaba, pero se preparaba muy bien para las competencias. Siempre le decía que tenía que tener cuidado de la gente con la que se juntaba, pero también tenía que ser joven. Tenía 19 años, no podía madurar de golpe. Tienes que disfrutar de la vida también. Siempre fue consciente de lo que estaba haciendo

y de dónde se tenía que mover". Y tanto, pues con 19 años ya era el líder indiscutible de Peñarol.

Una de las claves de esa conexión entre Leo y Facu fue que el veterano vivió algo similar. "Irse a los 15 años de casa es muy difícil. Yo también lo viví. De los 15 a los 17 que empezó a jugar, hubo familias que lo cuidaron y lo mantuvieron. Tiene una mamá que es un fenómeno. Eso es fundamental, tener el apoyo de una familia que te quiere".

1.7 TRANSICIÓN Y ADIÓS DEFINITIVO

Facundo Campazzo llega a la temporada 2012/2013 con varios títulos bajo el brazo. La Liga de las Américas de la temporada 2009/2010 o las dos ligas de las dos campañas anteriores en las que ya había consagrado su rol de estrella en Peñarol Mar de Plata. Todavía le faltaba por ganar una Liga más, pero también decir adiós a Sergio Hernández o empezar a afrontar los rumores sobre su salida de Peñarol y su salto a Europa. En resumidas cuentas, le faltaba por vivir el segundo momento más importante de su carrera después del que afrontó cuando era un menor de edad que abandonaba Córdoba.

La temporada concluye con derrota en las semifinales del *playoff* contra Lanús por un ajustado 3-2. Sin embargo, ese mal resultado no fue suficiente para manchar el estrellato de Facundo Campazzo. Esta campaña acabaría por romper todos los parámetros. Llegó incluso a establecer el récord en Peñarol de 14 asistencias en un mismo partido.

TEMPORADA 2008/2009	1,1 puntos, 0,4 rebotes y 0,9 asistencias
TEMPORADA 2009/2010	6 puntos, 1,9 rebotes y 1,7 asistencias
TEMPORADA 2010/2011	7,1 puntos , 2,1rebotes y 2,1 asistencias
TEMPORADA 2011/2012	14 puntos, 4,5 rebotes y 6 asistencias
TEMPORADA 2012/2013	14,3 puntos, 3,4 rebotes y 6,2 asistencias
TEMPORADA 2013/2014	16 puntos, 4,3 rebotes y 6 asistencias

Estadísticas de Facundo Campazzo en liga regular según Proballers

A la conclusión de la temporada 2012/2013, Sergio Hernández abandona el equipo. El técnico lo hizo con pena y sabiendo que había sido un técnico histórico para la entidad. En Peñarol se llevó 10 títulos en seis años. Pero, además, permitió que grandes jugadores se ganaran un nombre; entre ellos, Facundo Campazzo.

Llega entonces un año complicado y de transición, el de la campaña 2013/2014. La última de Campazzo en

Peñarol. La última del joven canterano antes de cruzar el charco a Europa.

La primera gran incógnita a resolver era quién iba a ser el nuevo entrenador de Peñarol. "Yo no soy quién para decir quién debe dirigir a Peñarol, pero el Tulo Rivero tiene una gran relación con el plantel", indicó Sergio Hernández en su día cuando ponía fin a su etapa en el banquillo. Pero Peñarol no alargó el asunto y acabó rápido con las dudas. Fernando "Tulo" Rivero, el eterno ayudante del Oveja y un veterano en el banquillo de Peñarol, se hizo con los mandos del equipo.

"Sergio no quería seguir en el equipo. Tanto Sergio como los jugadores dicen que la oportunidad era mía. Llevaba ocho años como asistente. Me dan el espaldarazo que ayuda a todo entrenador novato, sobre todo en un equipo ganador", relata Fernando "Tulo" Rivero.

"Este equipo venía de ganar la Liga de las Américas, tricampeón en Argentina, Sergio ganó 10 títulos conmigo de asistente. Pero yo era asistente, no jefe. Todos me dan, con los dirigentes, ese aval para empezar yo como entrenador jefe". Con todo ese apoyo, Tulo Rivero se ve con fuerzas de coger al grupo de Peñarol y, entre ellos, a Campazzo.

"Sí, recuerdo que en su último año nosotros arrancamos la temporada oficial con un partido ganado. Viajamos a jugar la Liga de las Américas a Ecuador. Ganamos la fase de grupos, volvemos a Argentina y se lesiona en el segundo partido. Una lesión de la rodilla. Era mi primer año y mis primeros partidos", describe el técnico.

Ahí llegó la pequeña crisis. El equipo contaba con nuevo entrenador con las dudas que eso conlleva. Y, encima, se quedaba sin su mejor jugador durante algunos encuentros. Tulo Rivero empezaba a sentir la presión. "Después de la lesión de Campazzo, perdimos varios partidos y se dudaba de lo que yo era como entrenador jefe".

Por si fuera poco, en el calendario "venía el Clásico de la ciudad". Fue ahí cuando Campazzo respaldó a su entrenador y, lejos de borrarse, decidió volcarse con Tulo. "Me dijo: 'Quiero jugar'". Pero, como reconoce Rivero, a Facu todavía "le faltaba" para estar recuperado del todo. "Que vos, que el equipo...", le decía Campazzo en una negociación para convencerle de que estaba preparado para saltar al parqué.

Finalmente, como suele ocurrir con la gran mayoría de las estrellas, Campazzo acabó contando con minutos. Y muchos. "Juega y parece que no había venido de una lesión". Fue una de las pocas veces en las que el base sufrió la otra cara del deporte, la de las complicaciones físicas. Más allá de eso, como explica Tulo Rivero, no recuerda momentos de debilidad del argentino.

"Problemas, bajones, no ha tenido nada. Ha tenido problemas de salud de su madre, importantes, vivía en Córdoba y él en Mar del Plata. Y a la hora de jugar era otro tipo". Ese vínculo con Mari, como viene observán-

dose desde el inicio, marcaba el día a día de Campazzo. Pero la estrella se enfocaba en su trabajo, intentando evadirse. Lo logró y, además, de forma sobrada.

"Esa temporada vamos a jugar de visitantes a Libertad de Suchales. En esa liga íbamos siempre segundos o terceros. Íbamos en el lote de los cuatro primeros. Jugamos con Libertad de visitantes, íbamos ganando el tercer cuarto por 18-16 puntos. Entramos al último". Y ahí sucede una imagen que no olvidará Rivero y que define a la perfección lo que es Facundo Campazzo.

"En el público había una chica de 13 años con su padre, hincha de Peñarol pero por Facu, por Leo… Empezó a alentar a Facu. Hasta que la gente local empieza a agredirla, que se vaya al estadio… Campazzo, en medio del partido y cuando llevaba la bola, se para y pide a los árbitros que les eche", relata el entrenador.

"El partido se embarulla" y "el ambiente" es cada vez más tenso. Una distracción para Peñarol que tuvo consecuencias negativas. Los rivales "se acercaron a seis u ocho" puntos. Y Tulo Rivero para el partido. "Pido minuto y le digo: 'Facu, mira en el quilimbo que nos metiste, sácanos de esta'. Y me dijo: 'Tranquilo'".

El base parecía tenerlo todo bajo control. Incluso al público de una grada rival que soñaba con la remontada. "Daba la vida por sus compañeros, por el entrenador", destaca Rivero, que acabó sacando adelante ese encuentro con esa peculiar anécdota como *highlight*.

"Ganamos el partido y en el vestuario me dijo que si le podía traer a la familia". Campazzo quería saber quiénes eran los que se habían arriesgado a ser agredidos solo por apoyarle. "No la conocíamos", pero —pese a ello— consiguieron encontrarla en la grada. "La trajimos y Facu le regaló la camiseta".

Campazzo fue capaz de parar un partido porque la causa era justa, pero siempre calmando los ánimos de sus compañeros. "Tranquilo que lo sacamos". "Es la mentalidad de Facu", espeta el que fuera su último entrenador en Peñarol.

"Facu era el líder del grupo, el jugador franquicia. Ya dominaba la Liga. La final que jugamos con Regata con desventaja le damos la vuelta a la serie en el segundo partido y acá la terminamos de cerrar. En el último partido fue un concierto. Era él y la bola. Que haga lo que él quiera. Era el líder, por como entrenaba, por cómo manejaba al equipo ofensivamente", destaca sobre el final de temporada.

Esa final contra Regatas le permitió ganar los *playoffs* con Peñarol Mar de Plata. Lo lograron con un 5-2 de balance en la eliminatoria. Y todo pese a empezar perdiendo el primer partido por 86-77. Tras ese pinchazo llegarían tres victorias seguidas, una derrota que le puso picante a la final y un último triunfo por 88-73 que supuso proclamarse campeones de la competición en el primer año de Tulo y el definitivo de Facu.

Durante todos los *playoffs*, Peñarol firmó solo tres derrotas. Superaron a Quilmes, Boca y Regatas. A lo largo de la temporada, Campazzo fue el tercer máximo anotador de su equipo con 10,8 puntos por encuentro. Además, logró ser el mejor asistente con 4,6 pases de canasta de media. Con solo 22 años, lideraba unas estadísticas donde sus acompañantes eran veteranos como Martín Leiva (33 años), Leo Gutiérrez (35 años), Adrián Boccia (31 años) o Matías Ibarra (32 años),

DERROTA 86-77	25 puntos, 3 rebotes, 8 asistencias
VICTORIA 82-103	21 puntos, 5 rebotes, 9 asistencias
VICTORIA 94-77	7 puntos, 5 rebotes, 3 asistencias
VICTORIA 95-91	25 puntos, 4 rebotes, 6 asistencias
DERROTA 104-73	15 puntos, 0 rebotes, 3 asistencias
VICTORIA 88-73	33 puntos, 1 rebote, 5 asistencias

Estadísticas de Campazzo en la final contra Regatas según Proballers

Facundo Campazzo se despidió por todo lo alto. "Muchas gracias, de corazón. Esto no es despedida. Vamos a disfrutar ahora, a salir de caravana, a chupar. Los quiero mucho, de corazón". Todos sabían que ponía rumbo al Real Madrid con el objetivo de seguir haciendo cosas imposibles.

1.8 LAS CLAVES DE SU DESPEDIDA

El mundo del baloncesto, si algo tiene que envidiar al del fútbol, es el impulso del rumor en el mercado de fichajes. El deporte del balón naranja suele ocultar más los movimientos, negociaciones y hasta cifras contractuales. Frente a las cábalas que surgen en el fútbol, el baloncesto siempre ha mantenido mayor secretismo en cuanto a la confección de las plantillas. Puede que por ello el rumor de Facundo Campazzo y el Real Madrid no copara todos los titulares ni descentrara al jugador.

A mediados de julio empezó a aparecer en España el interés del Real Madrid en fichar a Facundo Campazzo. La idea era que ocupara el lugar de Dontaye Draper. Pero en el entorno del base no se confirmaba ningún destino claro. Solo sabían que iría a España.

"Nosotros sabíamos que se iba a España. No se comentaba mucho sobre el Real. Se estaba bastante oculto, teníamos claro que era el último año de contrato de los siete que había hecho en su momento y que se iba a España", recuerda Fernando Rivero, el entrenador con el que Campazzo pasó sus últimos días en Peñarol Mar de Plata.

"Se habló de Madrid o Barcelona. Y había otro club de Turquía que se hablaba por acá de que tenía posibilidades. Cuando nos enteramos del Madrid, lo primero que dije fue que iba a tener mucha competencia, que iba a aprender muchísimo y que tenía grandísimos compañeros", explica Leo Gutiérrez, su "padre" en el milrayitas.

Leo no perdió la oportunidad de aconsejarle. Le dijo que tenía que "matarlos a trompadas para ganarles minutos". "Demostrá lo que jugás vos", le espetó un veterano Leo Gutiérrez que, además, tenía la confianza suficiente tanto con Campazzo como con Chapu Nocioni, por entonces miembro del Real Madrid. "Soy muy amigo del Chapu y lo bueno es que tenés la posibilidad de estar con él y te va a ayudar", le reconoció Leo.

El veterano tuvo numerosas conversaciones con Campazzo. Y era lo normal. Leo fue quien compartió habitación con ese joven imberbe. Fue quien le aconsejó cómo moverse en la fama, en las amistades y hasta en el amor adolescente. Leo Gutiérrez fue quien le citaba en los entrenamientos para realizar ejercicios juntos y que Campazzo pudiera solventar aquellos puntos débiles de su juego como base.

En una de sus muchas charlas, Facu Campazzo le confesó la presión y el temor que tenía por fichar por el Real Madrid. Por aquel entonces, el base argentino estaba todavía asentándose en la selección albiceleste y tenía apenas 23 años. El interés de todo un Real

Madrid, como era de esperar, se convirtió en un miedo para Facu.

"Estaba muy asustado al principio. Era obvio que en el primer año le iba a pasar lo que le ha pasado ahora en la NBA. Jugar poco o no jugar. Cinco minutos en Europa eran 35 minutos en Argentina". Leo Gutiérrez le dejó claro lo que tenía que hacer: ser simplemente Facundo Campazzo. El mismo que siendo menor de edad había logrado llamar la atención en una plantilla repleta de veteranos y nombres respetados en el baloncesto argentino.

"Lo tenía que aprovechar. El día a día con jugadores que habían estado en la NBA, top de Europa... Y tener un entrenador como Pablo Laso le iba a ayudar a crecer muchísimo. Entendió eso, que era su momento de crecimiento y que tenía absorber todo lo que le daban", explica Leo Gutiérrez, que no olvida una de las conversaciones que tuvo con su todavía compañero de equipo cuando se certificó la operación.

"Sabíamos que no iba a continuar en el país. No solo en Peñarol. Su futuro estaba en Europa. En Argentina se iba a estancar, iba a seguir creciendo pero no iba a tener competencia. Necesitaba dar un salto de calidad en el juego", recuerda.

"Cuando le dicen que fichaba por el Madrid, me dice: 'Estoy con miedo y con ganas. Tengo una sensación rara'. Le dije: 'Miedo no tengas porque so-

mos todos iguales. Andá con lo que sabés y aprende todo lo que puedas'. Mira mucho, pregunta, pero anda tranquilo, porque si te llama el Madrid es por algo que ven, no es porque dijeron 'vamos a fichar a Campazzo'. Te ficharon porque tienes un potencial tremendo".

Pese a que con Leo y un número reducido de hombres sí tenía esa confianza, Tulo Rivero reconoce que, a nivel grupal, Campazzo no quiso hablar de su futuro… hasta que la temporada concluyó con ese título. "Hacemos festejos. En los festejos habla el capitán que era Leo. Le despiden. Sabía que dejaba un montón de cosas. Pasó grandes momentos en el club e hizo muchísimos amigos". Tanto que los primeros años cuando volvía a Argentina siempre se acercaba a la que fue su casa *baloncestística*.

Su marcha, como explica Tulo, supuso buscar a un reemplazo que no existía. "Yo me junto con los dirigentes para reemplazarlo y me tiraban nombres. Y les digo: 'Tenemos que buscar un jugador mayor, porque él jugaba como un mayor pero era U23. Un U23 como Campazzo no existe. Era ya un mayor súper comprobado".

Campazzo quería todo ya, pero supo adaptarse a la situación. El 12 de agosto de 2014 su agente Claudio Villanueva subió una fotografía a redes sociales. Era el base argentino firmando su nuevo contrato. El Real Madrid aún no había hecho oficial el comunicado, pero todo estaba cerrado. El canterano de Peñarol se convertía en un nuevo representante del baloncesto nacional en la mejor liga de toda Europa: la Liga Endesa y con los colores del Real Madrid.

CAPÍTULO 2

ARGENTINA Y SU CAMBIO FÍSICO

Entre medias de todo lo sucedido, Facundo Campazzo tuvo un punto de inflexión en su carrera. Fue la convocatoria con la selección. El base no solo cumpliría el sueño de cualquier jugador que es representar a su país. También sufriría casi de casualidad la transformación que determinaría el futuro de su carrera. El cambio necesario para estar más años en la élite y poder competir en los mejores equipos de planeta, a pesar de no tener una altura preponderante para el baloncesto que se requiere en la actualidad.

Facundo Campazzo fue convocado por Argentina en 2012. Julio Llamas era el seleccionador de aquel entonces. En su cuerpo técnico estaba el Che García, actual entrenador principal de la Albiceleste. Facu estaba cre-

ciendo en Peñarol y necesitaba confirmarse con el equipo nacional. Pero su forma física llamó la atención del cuerpo técnico de Argentina. Especialmente del encargado de mantener a tono a todo jugador.

Campazzo no era alto y, además, tenía algo de tripita. No era un jugador musculoso ni de finura física. Rompía por completo con la imagen de deportista de élite que cualquiera pudiera tener. Esa forma no pasó desapercibida como Manu Ginóbili. Y, claro, si uno de los mejores jugadores de todos los tiempos de tu país te da una advertencia, no te queda otra que tenerla en cuenta.

Fue ahí cuando se produjo la ya famosa anécdota de Campazzo y su panda. La que cambiaría para siempre tanto su baloncesto como su forma de ver la preparación técnica y alimenticia para poder competir en la élite al máximo nivel posible.

"En 2012 estábamos en una concentración en Buenos Aires. Manu le dice que se levante la remera. 'Es la primera vez que veo un base con panza'. Fue como un clic", rememora Leo Gutiérrez. Después de ese toque de atención "empezó a cambiar su alimentación y en la última temporada ya había cambiado mucho".

La frase de Manu Ginóbili no se produjo en un año cualquiera. 2012 era fecha de Juegos Olímpicos. Y Argentina se encontraba de preparación antes de la cita de Londres. Campazzo había estado previamente en el Sudamericano. De hecho, consiguió el título con el equipo nacional. Pero unos Juegos Olímpicos era algo completamente diferente.

Allí, la Generación Dorada se quedó a medias. Tras llegar hasta semifinales pasando por encima de Brasil, Estados Unidos puso fin al sueño con un contundente 83-107. Tampoco hubo suerte en la pelea por el bronce, pues en un desenlace de infarto, Rusia logró imponerse por 77-81. Argentina lo tuvo muy cerca. De hecho, lo tuvo a un lanzamiento de Nocioni que repelió el aro. Campazzo, jovencísimo todavía, saboreó por primera vez el duro golpe de perder con la selección.

"Siempre había visto desde afuera la parte linda de la Generación Dorada, la de los éxitos. Y de golpe estaba viendo el lado B, el que no se muestra, y ahí me di cuenta por qué habían conseguido todo lo que habían conseguido. Era el equipo completo llorando como si fueran nenes. Todo por lo que sentían jugando por la selección y entre amigos", llegó a asegurar en unas palabras recogidas por *Basquet Plus*.

Campazzo, sin embargo, se llevaba varios triunfos personales. El primero y más evidente: compartir vestuario con históricos. El segundo: la experiencia de pelear por medallas olímpicas. Y el más influyente: conocer a Paulo Maccari, kinesiólogo de la selección y primo de Ginóbili. En resumen, quien cambió su rutina de preparación.

Maccari se metió tanto en la cabeza de Campazzo que el argentino incluso cambió sus hábitos cuando

regresó a Peñarol. "Hace un clic muy grande cuando va con Argentina, cuando tanto Manu o Scola le dicen que así no podía jugar", asegura un Tulo Rivero que por entonces estaba como segundo entrenador de Sergio Hernández.

"Viene con una dieta de la selección y cambia su cuerpo". La kinesiología, según la RAE, es un "conjunto de los procedimientos terapéuticos encaminados a restablecer la normalidad de los movimientos del cuerpo humano".

En resumen, se trata de establecer una rutina de alimentación y ejercicios físicos que se adapten al cuerpo de cada uno para sacar el máximo rendimiento posible. Así, y en el caso concreto de Campazzo, se mejoraron tanto aspectos de resistencia como la reducción del riesgo de lesiones o incluso el factor psicológico. A más comodidad con su cuerpo, menos tapujos en la cancha.

Tal fue el impacto que, como recuerda Rivero, en su primera temporada como entrenador jefe Facu "quería entrenar a las 7 de la mañana". "Venía pasado, con un sistema de entrenamiento y ese deseo de seguir entrenando. Quería hacer cuatro turnos por día. Facu siempre fue un *crack*, le metía horas al gimnasio en la parte técnica, en la técnica individual, pero en ese momento con la selección, vuelve y hace la diferencia".

Como bien recuerda Leo Gutiérrez, ese cambio de chip fue el que catapultó a Campazzo a la élite en su última temporada. El que, al fin y al cabo, hizo que llamara la atención del Real Madrid y otros grandes del baloncesto europeo. Aunque firmara por el equipo merengue, el interés generado en otros clubes constata el ruido que estaba haciendo desde la liga argentina.

"Ese año fue el quiebre de lo que podía ser en Argentina. Se divertía demasiado en la cancha. La temporada anterior jugó increíble, lideró el equipo en todos los aspectos. Había cambiado su forma de alimentarse, su físico, su forma de trabajar, una rutina totalmente distinta. Lo notabas en la cancha. La verdad, si ves partidos de esa época, se divertía, hacía lo que quería, no había nadie que lo pudiera defender". Tras ello, dio el salto a Europa.

Pero, ¿fue complicado ese trabajo con Campazzo? Nadie mejor lo sabe que el propio Paulo Maccari, el secreto de históricos como Manu Ginóbili y el sustento de la selección argentina durante mucho tiempo. Paulo es esa habitual cara oculta que tiene todo equipo y sin la que no se podría entender el éxito de un mismo grupo, pese a las adversidades que aparezcan en el camino hacia el objetivo.

"Lo conozco justo antes de los Juegos Olímpicos de Londres. Estábamos concentrados en Buenos Aires con la Selección. Prigioni es titular, traen a Laprovittola y Campazzo para ver cuál quedaba. Es la primera vez que conocía a los dos", asegura Maccari. Laprovittola, eso sí, ya había ido con el equipo nacional antes que Facu.

La rutina a seguir fue la misma para Maccari. Pasar lista de toda la plantilla y determinar qué necesita cada uno de los jugadores. Al menos si los convocados quieren formar parte de una selección que aspira a seguir haciendo historia. En el caso de Campazzo, pasó por ese proceso como el resto de compañeros.

"Siempre evalúo a todos los jugadores cuando empezamos. Muchos de los jugadores ya los conocía porque los trataba de forma personal. Al no conocerlo le dije que tenía que venir. Yo cuando evalúo le tengo que quitar toda la ropa. Cuando lo vi, dije: 'Esto no puede ser un jugador profesional'". Recuerden: Facu era ese bajito panzón.

"Siempre le doy cita a los jugadores en el hotel para que no se me llene de gente. Entonces, en un momento estaban tomando mate tres o cuatro en una habitación. Hablando con Manu, me pregunta. Y le dije: 'Son dos gordos para lo que es un deportista de alto rendimiento. Son lo antiprofesional'". Maccari, sinceridad pura, no dudó en mostrar sus sorprendentes impresiones a los pesos pesados del equipo.

Además, ese plural no era solo para Facundo Campazzo. Nicolás Laprovittola, quien peleaba por ese puesto de base en la Albiceleste, también estaba fuera de forma para lo que entendía Maccari. En su caso, el actual jugador del Barcelona —también con pasado NBA y Real Madrid— formaba parte de la plantilla del Lanús. Por lo tanto, tampoco había dado el salto a una competición nacional de primer nivel como el caso de Scola, Prigioni o Manu Ginóbili.

La frase de Maccari provocó las carcajadas de los presentes. Entre ellos Chapu Nocioni, quien dos años después sería compañero de Campazzo en el Real Madrid. "Todos se empezaron a reír. Le llevan a la habitación. Manu le intenta quitar la camiseta y Facu dice que no". Y, entonces, Ginóbili fue claro: "O mejorás o no vas a llegar a nada". Esa frase, según recuerda Maccari, "le pegó" a Campazzo lo suficiente como para suponer un antes y un después en su carrera deportiva.

"En la Selección, como estaban perros viejos que venían de la NBA, entrenaba". Pero Maccari decidió cambiar la rutina del equipo: "En Argentina se entrenaba dos veces al día. Es una locura total que el cuerpo no termina de recuperarse y le metes otro estímulo. Por suerte, eso se dejó de utilizar. Estos entrenamientos traían lesiones".

El experto apostó por que se adaptara el plan que se usa en las franquicias de Estados Unidos.

"Se empezó como en la NBA: un solo turno en la mañana, trabajo de movilidad previo, y depende de cada uno un *planing* diferente. Estábamos una hora y pico antes de que empiece el entrenamiento para que el jugador estuviera en la pista trabajando con los fisios. Y después comienza el trabajo con los entrenadores. Termina eso, se come y se descansa".

Campazzo entra en una rutina con gente súper profesional. Una rutina NBA para un jugador de Peñarol Mar de Plata. "En 2012 hago un cambio completo en la Selección, cambio la alimentación. Él veía que ya no se comía pasta. Nosotros no desayunábamos, no comíamos pasta o alimentos que él estaba acostumbrado a comer. No se trataba de físico. Todo eso fue llevando a que cambiara la mentalidad. Así la cambiaron varios, como hoy —Leandro— Bolmaro". Como se puede comprobar, la técnica de Maccari ha hecho que nuevos talentos sigan desarrollándose.

El proceso de Campazzo no fue inmediato. Si ese encuentro con Maccari, el de la panza, se produjo en 2012, los intentos de iniciar esa dieta revolucionaria no tuvieron éxito hasta pasado 2014. Concretamente a su llegada a Murcia en calidad de cedido por el Real Madrid. Una tardanza que confirma que este fue uno de los retos más duros a los que se tuvo que enfrentar un Campazzo acostumbrado a numerosos obstáculos.

"Fuimos a los JJOO —2012—, y creo que fue en el 2014 cuando todo cambia. Viene a Madrid. Agosto es el Mundial de España. Estábamos más cerca. Empezamos a trabajar para ir mejorando día a día. Campazzo me dice que vale". Sin embargo, las malas noticias para Maccari no tardaron en llegar.

"El primer año no me hizo caso en nada. También era su primer año en Europa, estaba obnubilado por muchas cosas". Cabe recordar que en ese primer año como jugador merengue Campazzo no contó con demasiados minutos ni con excesivo protagonismo. Es más, tuvo que afrontar un rol secundario mientras los rumores sobre si su fichaje era un acierto se acumulaban a sus espaldas. La cesión a Murcia, donde recuperaría su esencia, sí permitió que Campazzo se enrolara en este proceso con Maccari.

"Se va a Murcia y no tiene nada que ver. Venía a Europa para aspirar a algo grande. Ahí fue cuando me llama. Veía que las cosas no iban. Yo llegaba de San Antonio que había ido a ver a Manu —Ginóbili—. Estaba muerto". Pese a ello, Maccari le cogió el teléfono para escuchar a Facu: "Quiero que me trates como a Manu. Yo te voy a pagar todo".

El kinesiólogo no tenía necesidad de acudir a la llamada del base. Y menos teniendo en cuenta que no cumplió en el primer tratamiento al que se sometió. "Yo estaba cansadísimo del viaje", remarca Paulo Maccari, que pese a todo acabó aceptando el reto de Campazzo. "Voy a ir, pero como no cumplas y hagas como el primer año, no me ves más el pelo y te voy a cobrar tres veces más". La amenaza estaba sobre la mesa.

Maccari acabó viajando a Murcia donde Facu estaba en su segundo año en Liga Endesa. Pasó nuevamente ese reconocimiento particular de Maccari. Y se incorporó a una transformación física y mental que le permitió hacerse con las riendas del equipo.

"Fui a Murcia, le hice toda una evaluación, le dije lo que pensaba. Él es una persona que tiene talento, pero que cuando llegas a una liga nueva tienes que esperar. Esperar que llegue tu momento, pero si cuando llega, estás roto o lesionado, es muy difícil enganchar ritmo". Maccari, con experiencia en el sector del deportista de élite, sabe lo que hay.

Este entrenador le contó todos los principios de su plan. Todo jugador se lesiona si no se prepara correctamente. Todas las oportunidades llegan por la desdicha de otro. Y Campazzo, en ese caso, tenía condiciones que —en caso de trabajar correctamente— podían convertirle en un seguro en la pista.

"La persona que tengas adelante se va a caer porque el 90 % no se cuida. En el momento que otro caiga, ese será tu momento. Para eso tenés que tener un cuerpo sano", le comentó Maccari. Campazzo, si por algo destacó su salto en Peñarol, fue por aprovechar la oportunidad que le dio la retirada por motivos de salud de Tato Rodríguez. En Murcia, en España, debía estar preparado para un escenario similar en lo que se refiere a la baja de un jugador importante.

El primer paso de Maccari fue conocer su alimentación. Y lo que vio no le gustó en absoluto. "Le tiro todo lo que tiene en la nevera, era un desastre". La llegada de Maccari cambió su dieta y la de su mujer, Consu. También puso su atención en la parte de trabajo de flexibilidad y movilidad, cosas que cada deportista, por su genética, tiene.

Y, muy importante, también le dio pautas en cuanto a los cuidados que tenía que tener, no solo en lo físico, también en lo emocional. Un tema tan de actualidad como la salud mental que Maccari ya trataba hace mucho tiempo. "Empieza a notar diferencias, cambios, y quiere más". Ese sentir que cualquiera que haya hecho deporte nota cada vez que ve resultados en su cuerpo.

"El hecho de querer más hace que le lleve a un especialista en alimentación. Lo veía dos veces a la semana, iba a su casa". Campazzo sumaba ya dos trabajadores diferentes más allá de lo que le ponía a disposición el club. Según Maccari, comprobó un cambio de actitud porque Facu se volvió "muy estricto". La razón no era otra que "porque ya tenía otro objetivo que era la NBA". Esto era la temporada 2015/2016, por lo que todavía tendría que esperar cinco años para cumplir ese sueño. Los rumores, eso sí, no tardaron tanto en aparecer en el entorno del argentino.

Maccari tuvo una conversación clave con Facu en ese momento de crecimiento. "En Murcia le dije: 'No querés llegar a la NBA'. Y dijo: 'Es imposible'". Luego, con el paso del tiempo, todo cambiaría: "Cuando llega al Madrid, hace una gran temporada y luego vamos al Mundial de China. Renueva con el Madrid y fue cuando Facundo piensa qué es lo que quiere. Quería ir a la NBA, que es el sueño de cualquier jugador de baloncesto".

Pero hasta llegar a ese punto todavía faltaba mucho por hacer. Maccari, como él mismo cuenta, le tiró todo lo que vio en la nevera. "La alimentación les cuesta a todos", dice. Y no miente, pues en más de una ocasión se ha visto a un jugador que reconoce estar fuera de forma, pese a haber comenzado la temporada con su equipo.

Los casos más recientes y mediáticos están en la NBA, como es de prever. Luka Doncic, exjugador del Real Madrid en Dallas Mavericks, ha sufrido numerosas críticas por llegar con más kilos de los debidos al inicio de temporada. Y es que hay análisis que hablaron de 13 kilos de más cuando volvió al inicio del curso 2021/2022.

Su respuesta, sincera, reconoció esos problemas: "La gente va a hablar de ello. Tuve un verano largo. Después de los Juegos Olímpicos, me tomé tres semanas de descanso y me relajé un poco. Tal vez demasiado. Solo tengo que corregir el rumbo".

Pero Doncic no es el único. En el Real Madrid todos recordarán a un gigante como Gustavo Ayón. El interior mexicano era uno de los puntales del equipo. Coincidió con Campazzo, de hecho, y formaron una de las mejores parejas en el equipo blanco.

"Este verano he cambiado cosas respecto al verano anterior, donde no fui a la selección y prácticamente me dediqué a comer tacos y volví con 119 kilos. Me costó muchísimo trabajo el inicio de la temporada y durante la misma fue complicado ponerme en forma. Al final me cobró factura el haber sido tan irresponsable durante el verano", llegó a confesar en 2017 en una rueda de prensa en el Real Madrid.

Según Paulo Maccari, conocedor del caso de Campazzo, la mayoría de atletas "tienen una idea obsoleta de cuidarse". Y eso va desde la alimentación hasta el físico, pero pasando también por el plano psicológico. "El cuidado del físico fue clave para él. Sé cuáles son sus problemas, cómo fue su historia". Y es que, si no se conocen las experiencias personales, son complicadas de tratar para un agente externo como Maccari.

"Hay cosas que no puedo desbloquear en el cuerpo porque no conozco qué le pasó, y lo necesito para entender las tensiones en un lado. Le costó cambiar el chip, pero cuando empezó a notar que iba a mejor, por qué comes eso, por qué cenas a una hora y te acuestas tan temprano… Empezó a cambiar la cosa. Son cosas que pasan, pero para que pasen, el deportista tiene que notarlo en su cuerpo. Necesita una persona que esté arriba de él". Unas palabras que Maccari cuenta antes de viajar a EE.UU. para tratarle.

La anécdota la conocen todos aquellos que se han acercado a Campazzo. Y la historia no termina de gustarle al jugador. Ya está demasiado comentada y en más de una ocasión ha trasladado esa queja por la reiteración de que siempre le pregunten.

"Facundo, recuerdo que se lo pregunté alguna vez, y dijo: '¡¿Por qué alguien contó esa historia?!'", cuenta

Diego Morini, periodista de *La Nación*. "Pero fue parte de su crecimiento. Esta forma de cambiar la alimentación, los cuidados, ser más profesional, convencerse de que eso era necesario. En algún punto aquello permite que a los 30 años esté compitiendo al más alto nivel". Ahora, en la NBA.

"Por lo general está compitiendo con tipos siete u ocho años más jóvenes que él. Me parece que aquello fue un punto de inflexión también".

CAPÍTULO 3

EXAMEN EN EUROPA

3.1 LA LLEGADA A UN EQUIPO HECHO

El Real Madrid hizo oficial el fichaje de Facundo Campazzo el 30 de agosto de 2014. El base argentino firmaba por tres temporadas en una operación que, para el público general, no suponía demasiada atención. Campazzo había dejado grandes destellos en Argentina, pero ni mucho menos su incorporación era la de un jugador estrella en Europa.

Ejemplo de ello fueron algunos de los titulares de la prensa. El diario *MARCA*, referencia en la prensa deportiva en España, anunció el fichaje de Campazzo como el del "hombre que rompió a Deron Williams" por su ju-

gada en los Juegos Olímpicos de 2012 ante la selección de Estados Unidos en un duelo de semifinales donde la Albiceleste acabó perdiendo.

El Real Madrid, en su comunicado, fue más allá al anunciarlo como "un fichaje de presente y futuro". El base "destaca por su inteligencia, rapidez y agilidad", reconocía la entidad merengue. "Posee un gran manejo de balón y un buen tiro exterior. Con capacidad de anticipación y visión de juego, es un jugador muy competitivo e intenso en defensa, que acabó como el mejor asistente de la Liga argentina la pasada temporada".

Además, el propio club destacaba la importancia de que fuera a formar pareja junto a Andrés Nocioni. Un combo perfecto para que en la entidad confiaran en su enorme proyección. Campazzo, eso sí, llegaba para estar detrás de Sergio Llull y Sergio Rodríguez en la rotación de Pablo Laso. Casi nada.

El equipo merengue realizó uno de sus veranos más movidos. La temporada anterior se había logrado ganar una Copa del Rey y una Supercopa. Sin embargo, eran necesarios varios ajustes. Uno de ellos, el que influyó en el fichaje de Facundo Campazzo, fue el de la salida de Dontaye Draper. El base ejercía de tercera opción y el Real Madrid decidió separar sus caminos después de numerosas lesiones que lastraron sus últimos meses en la capital.

La muestra de que la despedida fue buena se pudo comprobar con su mensaje. "Quiero agradecer al Real

Madrid, a sus aficionados, a mis compañeros, entrenadores, empleados y directivos, la oportunidad de haber podido compartir con ellos dos temporadas maravillosas. Lo que ha significado formar parte de este club no se puede expresar con palabras", reconocía Draper.

El base, pese a tener un rol secundario, fue clave en la rotación de Pablo Laso. Era el espejo idóneo de Campazzo para entender su estancia en el equipo. Ambos eran dos jugadores de banquillo, claves en defensa y con opción de revolucionar el encuentro por sorpresa. Sin Dontaye Draper, Facu obtenía ese papel en el Real Madrid.

Otros movimientos de los que se realizaron el mismo verano fueron los de Jonas Maciulis, Gustavo Ayón, K.C Rivers y, sobre todo, Andrés Nocioni. El alero argentino fue uno de los nombres que más tranquilidad dio a Campazzo para asumir el reto de ir a la Liga Endesa y a lo largo de toda la temporada sería el encargado de facilitar la adaptación del ex de Peñarol. Pese a no tener mucha experiencia en el Real Madrid, el Chapu conocía de sobra tanto a la entidad merengue como a sus jugadores.

"Es un nuevo desafío, un nuevo proyecto en mi carrera y en mi vida. Tenía mucha ilusión y ha llegado el día", indicaba Nocioni a los medios oficiales del club. "Vengo al mejor club del mundo FIBA. Estoy disfrutándolo a tope, acostumbrándome y ojalá pueda estar muchos años más", explicaba Facu. Los dos habían estado ese mismo verano con la selección por el Mundial de España en el que Argentina cayó en octavos ante una eterna rival como Brasil.

El primer título no se haría esperar y el conjunto blanco se llevó la Supercopa de España ante el Barça. Facundo Campazzo anotó tres puntos. Nocioni se fue hasta los siete. Pero lo importante es que, apenas unas semanas después de sumarse al proyecto de Pablo Laso, ya tenían su primer premio bajo el brazo. Especialmente llamativo era un Facundo que en las fotografías todavía aparece algo tímido por la presión de los focos, pero esa temporada debería acostumbrarse teniendo en cuenta que sería la *perfect season*.

Campazzo ya se daba a conocer. "La primera impresión fue decir: '¿Este quién es?'", explica Javier Rodríguez, director del portal *Planetacb* y uno de los más veteranos en los entrenamientos del Real Madrid. "Cuando empezaron a sonar los primeros rumores, lo siguiente fue comprobar cómo la prensa argentina, tan proclive a los comentarios exagerados, hablaba de él como de una figura futura en el baloncesto y, la verdad, es que no anduvieron equivocados".

La prensa lo recibió como cualquier fichaje realizado por el Real Madrid. "Se mira con lupa y se le ensalza o se le crucifica según sea el primer partido jugado. En el caso de Facu, contaba con un hándicap importante como era su altura y el desconocimiento de su juego". Una serie de características que entre los medios más escépticos hizo crear muchas dudas sobre él en una época en que Llull y Chacho eran titularísimos.

Para los que le seguían en los entrenamientos, como Javier, desde un primer momento se podía ver que atesoraba mucha calidad en el manejo de balón y visión de juego. Sin embargo, el físico le fallaba. Con el paso del tiempo ese cambio nutricional que hizo permitió ver a un Campazzo que disfrutaba más del juego. Ese proceso que se consumaría en Murcia dejaría ver interminables sesiones de entrenamiento individual con Paco Redondo, uno de los miembros del *staff* técnico de Pablo Laso.

Esa era la sensación en España. En Argentina, Campazzo era el gran salvador. Lo recuerda Pedro Bonofiglio, quien además de periodista es *speaker* del Real Madrid. "Cuando vino era la gran esperanza del básquet argentino. Sobre todo era un cambio generacional tras la Generación Dorada. Campazzo se abría como una nueva esperanza de un grupo de jugadores. La esperanza de verlo en el Real Madrid abría muchas expectativas", rememora Bonofiglio.

Sin embargo, había que despejar muchas "x". "En Argentina no había tanta desconfianza, pero sí cierta sensación de ver si podría", recuerda Diego Morini sobre cómo se afrontaba el salto de Campazzo a un club como el Real Madrid. Cuando se demostró que sí pudo, Morini reconoce que "nadie dudó de que sí iba a poder en la NBA".

"Se convirtió en un jugador tan grande en España, un jugador tan importante y tan dominante en la selección, que casi no había escépticos para su desembarco en la NBA". Pero, previamente, "cuando llegó a España había una cierta mirada de 'va a medirse contra jugadores FIBA, es un basquetbol mucho más agresivo'". Y, aunque nadie creía que no iba a poder, sí que existía mayoritariamente una mirada atenta para ver si lograría su objetivo de asentarse en el Real Madrid con esos aproximados 1,80 metros de altura.

Campazzo llegó y ese vínculo con Nocioni le facilitó el primer año en el plano personal. "Integrarse en un grupo que ya está armado como el Real Madrid, como cualquier equipo de ese nivel, pues cuesta. Como a todo el mundo", especifica Bonofiglio.

"Facu entró por la alfombra roja al grupo porque su carácter lo vaticinaba así. Es un tío muy abierto, muy cariñoso, una gran persona por su humildad. Son los vértices que ayudan a que se integre rápidamente. Lo hizo de la mejor manera. Otra cosa es que se adaptara baloncestísticamente. Un año en el Madrid se fue al Murcia y volvió como volvió. Pero a nivel personal la adaptación fue total", asegura.

El Chapu fue muy importante. El jugador también estaba en su primer año, pero conocía a la perfección todos los detalles. El veterano había tenido, de hecho, más de una pelea en el parqué con los que ahora iban a ser sus compañeros en la pintura del Real Madrid. Eso lo decía todo sobre él: tenerle en tu equipo era un idilio, pero contrario a la situación se parecería mucho más a un infierno deportivo.

"Nocioni, con toda su experiencia, sirve para hacer este tipo de cosas. Cuando un jugador es contratado lo es para dar su mejor rendimiento dentro del equipo, y más en una *perfect season*", subraya el *speaker* del Real Madrid.

"Fichajes como Nocioni sirven también para hacer su trabajo de amalgamar un vestuario. Un tipo que ha pasado por muchos vestuarios y equipos, tiene la preferencia de unir y aportar cosas en el vestuario que también hacen falta. Ese fue su trabajo con Campazzo", recuerda sobre el jugador que llegaba de Baskonia, pero con pasos por la NBA en franquicias como Sacramento, Philadelphia o Chicago.

El plano personal se salvó con Nocioni. Sin embargo, en lo deportivo no fue todo bien. A Campazzo le costó asentarse en el equipo. La presión, su rol de tercer base, la máxima exigencia en una temporada perfecta… Todo iba sobre ruedas menos su inclusión en el equipo. Una de las razones, como cuenta Bonofiglio, pudo estar en la gran diferencia de nivel entre la Liga Endesa y la Euroliga y las diferentes competiciones argentinas a las que estaba acostumbrado Facu.

"Son dos ligas absolutamente diferentes. No me animaría a decir que son dos deportes diferentes, pero casi. La liga argentina tiene el nivel que tiene y la Euroli-

ga el que tiene. Hace falta muchas más cosas que tener talento, tirar triples o penetrar. En Argentina quizás era muy fácil penetrar y defender a un base rival, y aquí en Euroliga cuesta bastante más. Facu tuvo que trabajar mucho".

Por eso, su marcha al UCAM Murcia un año después de llegar a Madrid fue tan valiosa. Allí recuperó sus mejores sensaciones, se asentó en el baloncesto europeo y se hizo mayor. "Le sirvió para entrar en armonía con el baloncesto europeo porque así tenía que ser. Fue una decisión perfecta para que se foguee en un sitio donde iba a ser protagonista. En Peñarol o Argentina podría ser protagonista con dos o tres cosas, pero para serlo en el Madrid hacía falta alguna cosa más".

El Real Madrid ganó esa temporada la Supercopa, la Copa del Rey, la Liga Endesa y la Euroliga de baloncesto. Fue la temporada perfecta. Un año histórico donde ganaron todo por lo que pelearon. Campazzo formó parte de esa plantilla para el recuerdo. Pero, pese al éxito colectivo, se quedó a medias en la estadística individual.

Esa campaña, la primera para el argentino en el Real Madrid, disputó 32 partidos de la competición doméstica con una media de 12 minutos por encuentro, tres puntos y 1,5 asistencias. Fueron sus peores números en la liga española hasta que se marchó. Incluso en su último año de blanco, donde apenas jugó 10 partidos de Liga, mejoró todos esos aspectos estadísticos.

Facu, en conversación con aquellos que mejor le conocían, reconoció que no lo pasó bien. Leo Gutiérrez fue uno de esos hombres con los que Campazzo se desahogó: "Yo hablé con él y al principio estaba medio mal porque no jugaba". La respuesta de Leo fue tajante: "Facu, estás en el Madrid, en el mejor lugar, es un equipo NBA. Si van a jugar contra un equipo NBA, van a competir y pueden ganar". Al base le tocaba aguantar.

Campazzo fue el segundo jugador del primer equipo que menos minutos disfrutó en Liga Endesa. El argentino se quedó en una media de 11:52 minutos por encuentro. Únicamente Salah Mejri empeoraba esas cifras con 9:01 minutos de promedio. Luka Doncic y Santi Yusta, por entonces jugadores de filial, se movían por debajo de los cinco minutos por partido.

La media de la temporada fue de 12:15 minutos por encuentro en los que sumó 3,1 puntos, 1 rebote, 1,5 asistencias y 2,7 créditos de valoración.

MEJOR PARTIDO	18 valoración vs. Obradoiro (J12)
PEOR PARTIDO	-3 valoración vs. Joventut (J3)
MÁXIMOS MINUTOS	30:00 vs. UCAM Murcia (J7)
MÁXIMOS PUNTOS	13 vs. Bilbao Basket (J30)
MÁXIMAS ASISTENCIAS	7 vs. Laboral Kutxa (J33)
MÁXIMOS REBOTES	4 vs. Laboral Kutxa (J33)

Datos de Campazzo en Liga Endesa en la temporada 2014/2015

Las cosas no mejoraron en la Euroliga. La competición la ganó el Real Madrid, pero la presencia de Campazzo fue menor de lo que él mismo esperaba. En total tuvo participación en 11 partidos. Solo en una ocasión empezó como titular. Y de media acumuló 8,5 minutos, 2,8 puntos y dos asistencias. Su valoración promedio quedó en tres escasos créditos.

El año 2014/2015 finalizó con muy buenos resultados para todo el Real Madrid. Un año histórico. Pero a Campazzo se le abrieron otras vías a la vista de la absorción de minutos por parte de Sergio Llull y Sergio Rodríguez.

2014/2015	SERGIO LLULL	SERGIO RODRÍGUEZ	FACU CAMPAZZO
LIGA ENDESA	25,05 minutos 12 puntos 1,8 rebotes 3,4 asistencias	22,09 minutos 10,02 puntos 2 rebotes 5,2 asistencias	11,52 minutos 3 puntos 1 rebote 1,5 asistencias
EUROLIGA	27,48 minutos 10,43 puntos 1,7 rebotes 5,83 asistencias	21,55 minutos 11,07 puntos 1,39 rebotes 5,10 asistencias	8,5 minutos 2,8 puntos 0,5 rebotes 2 asistencias

Comparativa de Campazzo con los dos bases del Real Madrid.

CAPÍTULO 4

MURCIA, ¡QUÉ HERMOSA ERES!

4.1 UN CAMBIO DE AIRES

El Real Madrid tenía firmado a Facundo Campazzo por tres temporadas. La primera se resolvió sin demasiada presencia en el equipo. El club, sin embargo, confiaba en su potencial. El jugador no quería hacer otra cosa que jugar. Por ello, se analizó el mercado y se buscó una buena opción para que el base saliera cedido. Siempre con algunas premisas que el Madrid mantiene en sus cesiones: que el jugador vaya a contar con minutos suficientes y que el equipo receptor tenga alto nivel competitivo.

Los rumores no tardaron en surgir. En Madrid surgía la opción de que fichara en calidad de cedido por Estu-

diantes. También se hablaba de la opción del Zaragoza. E incluso el Fuenlabrada, por entonces con Zan Tabak —había estado de ayudante de Laso— como entrenador, se sumó a la carrera por lograr la incorporación del Facu.

Todo interés era poco teniendo en cuenta que Campazzo se había lucido en verano con la selección. Junto a la Albiceleste, el base firmó actuaciones con hasta 23 puntos y cinco asistencias. Aunque el combinado nacional no pasó de la fase de grupos en los Juegos Panamericanos, Campazzo ya dejó entrever el potencial que tenía.

Finalmente, en el mes de agosto, se hizo oficial su salida en calidad de cedido al UCAM Murcia. El equipo entrenado por Fotis Katsikaris se hacía con el base por una única temporada. Sumaba a un jugador que tenía mucho por demostrar, con un técnico veterano y una plantilla que aspiraba a dar la sorpresa.

Si bien la operación se certificó en 2015, el UCAM Murcia ya había sondeado el fichaje de Facundo Campazzo mucho tiempo atrás. Cuando estaba en Peñarol, de hecho, el argentino entró en los planes de la directiva murciana. Así lo confiesa Alejandro Gómez, encargado del UCAM Murcia y quien maneja los fichajes a la perfección. Se le considera uno de los mejores de Europa en su puesto (y no hablamos de Campazzo).

"Marcelo Nicola me comenta que hay un jugador en Argentina que tengo que ver", cuenta Gómez. Nicola era por entonces entrenador del Murcia, cargo que ostentó hasta ese mismo verano del 2014. Al técnico, argentino, no le había sido indiferente el rumor de un tal Campazzo que destacaba en Peñarol. Y por ello se lo comentó a Gómez, que no dudó en estudiar su fichaje directo para el UCAM Murcia.

"Intentamos ficharlo pero ya era tarde", relata Gómez. "Estábamos Sevilla y nosotros —Murcia—. Cuando se mete el Real Madrid no teníamos ninguna opción". La entrada del equipo merengue, por lo tanto, rompió por completo el tablero de opciones de Campazzo. Pese a ser de los últimos, la entidad presidida por Florentino Pérez y dirigida por Alberto Herreros y Juan Carlos Sánchez se llevó a la perla.

"Cuando juega el primer año y juega poquito, está un poco detrás en el banquillo", recuperan la intención de hacerse con sus servicios. "En la siguiente temporada teníamos a Kartsikaris. Yo seguía en la cabeza con Campazzo. Me había enamorado en Argentina". Alejandro fue quien peleó para que el técnico le aceptara y no al revés como suele pasar. Su flechazo con Campazzo y la insistencia a Katsikaris surtieron efecto. Pero estuvieron cerca de perder la opción.

El Real Madrid, como decíamos, tenía muchas opciones para ceder a Facundo Campazzo. A medida que pasó el tiempo, el Zaragoza fue quien más papeletas se fue ganando. Lo tenía prácticamente cerrado y la histo-

ria del Facu podría haber cambiado. En ese momento, la llamada de Alejandro lo cambió todo.

"Convenzo al entrenador (Katsikaris) y cuando lo tiene casi hecho con Zaragoza, mantenemos una conversación de madrugada con Claudio (Villanueva, representante) y Facu". La charla es muy sencilla. Le dicen que "aquí", en Murcia, "la va a romper". Y el círculo se cierra. El UCAM Murcia que un año antes había sondeado su fichaje se hacía, por fin, con los servicios de Campazzo.

Pero, ¿por qué no se lanzaron a por el argentino antes de que su nombre llegara a oídos del Real Madrid? Sencillo: "Desde el principio hablamos con ellos, pero hay momentos en los que se cambia la cláusula y sabes que hay un grande de por medio. En febrero, después de la Copa, sabemos que si no es el Madrid, es uno de ese nivel". Ahí ya perdieron cualquier esperanza. Por suerte para el UCAM, y también para un Alejandro Gómez que perdió la cabeza por el juego de Campazzo, las partes pudieron unir sus caminos un año después.

El trabajo del dirigente del Murcia fue arduo. Especialmente por las reticencias de Katsikaris. "El entrenador no lo tenía nada claro. Fotis quería un director al uso, un americano". Y ahí es cuando, con puño de hierro, Gómez dio un golpe en la mesa: "Digo: 'Se acabó, es una decisión de club'. Hablo con Juan Carlos Sánchez y me dice que está cerca de Zaragoza. A las tres y media de la mañana nos decimos de todo y comenzó una relación fructífera".

El fichaje tuvo escenas más propias de una película de acción donde una simple llamada puede salvar la vida de algún tierno protagonista. Fue con una conversación por teléfono que resultó muy acalorada. Tal fue el nivel de tensión y de interés mostrado por parte de los murcianos que algo tocó la cabeza (o el corazón) de Campazzo. Esa llamada le hace plantearse que prefiere Murcia a Zaragoza. "Sabíamos de su corazón, de su garra, de cómo podía estar con la afición…", rememora Alejandro.

4.2 TENSIÓN CON FOTIS

Facundo Campazzo fue anunciado a finales de agosto de 2015. "Quiero dejar lo más alto posible al UCAM Murcia CB. Vine por el reto de demostrar que puedo jugar en la Liga Endesa, y le doy las gracias al presidente. Además, queremos poner al equipo en lo más alto. Este es un club serio y, cuando se habla de un club serio, los retos tienen que ser importantes", destacó en su primera comparecencia como jugador murciano.

El base se sumaba a un equipo con Fotis Katsikaris como entrenador y después de varios cambios en el banquillo. Meses atrás había sido Óscar Quintana quien dirigía al equipo. Tras el cese del veterano entrenador, el cuadro murciano se quedó con Marcelo Nicola al

frente del equipo. Y después sería Diego Ocampo quien cogiera el testigo. Una vez finalizada la temporada, se hizo oficial la incorporación del griego.

Katsikaris ya sabía lo que era el baloncesto español. En Bilbao Basket se erigió como uno de los gestores revelación de la temporada. Allí llegó a una final de Liga Endesa y se proclamó subcampeón de la Eurocup. También pasó previamente por Valencia Basket. Y en Murcia se haría, una vez más, con el cariño del público y de las altas esferas del club nada más aterrizar.

Por aquel entonces, UCAM Murcia tenía como bases a Carlos Cabezas y a Alberto Martín. El primero podía disputarle la titularidad. El segundo, salido de la cantera del Real Madrid, no tenía el potencial suficiente como para pugnar con Campazzo por los minutos más relevantes de los partidos. Pero teniendo en cuenta que Katsikaris no quería a Facu, todo podía pasar.

"Fotis viene de trabajar con los mejores en Europa. Y un caldo de cultivo en un club que apuesta por él ciegamente. Fotis por narices tenía que quererle y ayudarle", destaca Alejandro, principal valedor de Facu en Murcia. El argentino, según reconoce Gómez, vivió "momentos muy duros" con el entrenador.

"Fotis era muy duro con él. Teníamos broncas semanales. Yo como GM con el entrenador por Facu. Me decía: 'Llego a casa y mi mujer me dice lo mismo que tú'". De hecho, el dirigente del UCAM recuerda "un partido en Gran Canaria" donde Katsikaris le "hizo un vídeo con algún tiro del Facu que no tocaba y cómo bajaban los jugadores ofensivos". Una demostración para mostrar su rechazo al argentino.

"Teníamos que conseguir que Facu diera de comer a todos". "No pierdas tu esencia, pero sé listo en esto" era la frase que más le repetían desde una directiva que sabía de lo que era capaz en una cancha de baloncesto. "Hubo momentos de dificultad, sobre todo cuando el equipo perdía. Él se hacía responsable. Había que ayudarle a levantarse. Pero es un jugador que al estímulo-respuesta reaccionaba increíble".

Esa tensión entre Campazzo y Fotis llegó al vestuario. Nemanja Radovic, peso pesado del UCAM Murcia durante todos estos años, lo vivió de cerca. "Chocaban un poco, pero por esos altibajos y esas cosas de no hacer un balance, creo que Fotis buscaba ese toque de atención". El griego se centraba en una defensa que, con el paso del tiempo, ha acabado siendo una seña de identidad del jugador argentino.

"Chocaban en un principio, pero tenían esa relación de padre e hijo. Fotis, cuando tenía que sentarlo, lo sentaba. Y Facu, por su personalidad, se enfadaba. Pero le vino bien, maduró mucho y terminaron muy bien. Terminamos jugando *playoff* y ganando un partido al Real Madrid en el mejor resultado de la historia del club".

Esa temporada UCAM Murcia logró finalizar séptimo en la clasificación liguera. Consiguió, por tanto, clasificarse para la Eurocup y disputar los *playoffs* de la Liga

Endesa. En primera ronda tuvieron que enfrentarse, cosas del destino, a un Real Madrid líder de la fase regular. Y en una eliminatoria a solo tres partidos, UCAM Murcia estuvo muy cerca de mejorar su historia.

Si ya de por sí habían logrado el mejor resultado jamás visto en el equipo universitario, alcanzar unas semis habría sido un golpe de efecto. Sin embargo, la heroica tuvo final y —tras ganar el segundo partido— acabaron cediendo ante el Real Madrid. Estos resultados, pese a todo, reforzarían tanto a Katsikaris al frente del proyecto como a Campazzo en la dirección del equipo como base.

Campazzo no lo tuvo nada sencillo. Y no solo por esas discrepancias con Katsikaris, sino porque el pasado reciente del UCAM era difícil de hacer olvidar. "En la temporada de antes estuvo Raúl Neto y Cabezas. Neto se fue a la NBA. Yo no conocía mucho a Facu, solo que estaba en el Madrid y que tenía mucho talento. Desde el primer día le aceptamos como uno de los nuestros y lo devolvió de la mejor manera", relata Radovic.

"En la temporada de antes en el Madrid no tuvo un rol importante, no jugó tantos minutos. En el primer año, Facu era un poco loco. Tenía tanto talento que en un partido metía 20 o 30 puntos y no pasaba mucho, pero el siguiente daba 15 asistencias. Estaba tan ansioso de jugar, al no haber tenido minutos en Madrid, que quería demostrar todo".

El base argentino sabía que se la estaba jugando. "Mejoró muchísimo en ese aspecto, con los años maduró. En Madrid y el segundo año en UCAM, Facu ha sido un jugador muy bueno". Pero siempre pensando en el presente, consciente del examen que tenía.

Facundo, según Radovic, "tiene una cosa que es muy buena" y es que "es muy competitivo". "No solo en partidos, también en entrenamientos. Cuando estuvo aquí no pensaba mucho en el Real Madrid, vino a comerse el mundo. No tuvo la oportunidad en el primer año en el Madrid, que es normal porque hay gente muy buena, pero vino con esas ganas y le salió todo desde su competitividad. En los entrenamientos daba igual que jugara contra un niño o un veterano, siempre quería ganar".

Alejandro Gómez también recalca que "había cosas que le costaban más, pero acababa cogiéndolas". El argentino "siempre tenía buena predisposición" y "la humildad de nunca contestar mal ni sacar su ego". "Hacía cosas a nivel de corazón y garra, en todo momento no renunciaba a tener la valentía para tirar del equipo. Encajó en la ciudad, tuvo relación con la agente del club. Y, pese a las diferencias, trabajó con Fotis".

El UCAM sabía que tenía que presionar con ese aspecto. Si su fichaje se logró tirando de sentimentalismo cuando estaba casi cerrado por el Zaragoza, la crisis en sus primeros tiempos en el equipo tenían que resolverse de la mejor manera. "Explotamos esa virtud del co-

razón de salvaje que tiene y que nos hacía falta para ser más agresivos", destaca el GM del club murciano.

Campazzo se acomodó rápidamente en la ciudad y en el club. Los problemas con el entrenador, aunque supondrían un dolor de cabeza, acabarían en un segundo plano por el apoyo de compañeros y directiva.

"Cada vez que salía del vestuario, siempre tenía esa sensación de querer ganar y luchar. Es muy fácil con él. Tenía una serie de carencias a nivel personal que aquí supimos ver y ayudarle. Siempre ayudaba al club en cosas de patrocinios, comidas con la gente, con las peñas… Una relación magnífica con toda la gente. Engancha con nosotros y nosotros con él". La vinculación era absolutamente buena. Y eso, obviamente, se acabó plasmando en los resultados deportivos.

VS. UNICAJA (D)	7 puntos y 6 de valoración
VS. ZARAGOZA (D)	14 puntos y 9 de valoración
VS. BARCELONA (D)	15 puntos y 21 de valoración
VS. SEVILLA (V)	25 puntos y 28 de valoración
VS. BILBAO (V)	11 puntos y 21 de valoración
VS. BASKONIA (D)	8 puntos y 14 de valoración

VS. MANRESA (D)	20 puntos y 17 de valoración
VS. ANDORRA (V)	16 puntos y 33 de valoración
VS. REAL MADRID (D)	13 puntos y 11 de valoración
VS. GBC (V)	8 puntos y 8 de valoración

Primeros 10 partidos de Campazzo en el UCAM Murcia

A medida que pasó el tiempo, su trabajo físico mejoró, su colaboración con Maccari cambió su rutina y su juego acabó estallando en las manos de Fotis Katsikaris. Así lo refleja la estadística de su final de temporada con el cuadro universitario.

VS. MANRESA (D)	20 puntos y 26 de valoración
VS. OBRADOIRO (D)	2 puntos y 3 de valoración
VS. VALENCIA (V)	12 puntos y 18 de valoración
VS. TENERIFE (V)	14 puntos y 25 de valoración
VS. MOVISTAR (V)	6 puntos y 17 de valoración
VS. JOVENTUT (V)	10 puntos y 11 de valoración
VS. FUENLABRADA (V)	15 puntos y 14 de valoración
VS. REAL MADRID (D)	25 puntos y 33 de valoración
VS. REAL MADRID (V)	19 puntos y 19 de valoración
VS. REAL MADRID (D)	22 puntos y 24 de valoración

Últimos 10 partidos de Campazzo en el UCAM Murcia

Además de la comodidad, ese cambio físico fue determinante. Sin embargo, hubo que esperar para poder observarlo. "En Murcia llega como en el Madrid y desde el minuto uno marca diferencias. Sin haber cambiado físicamente, en el primer año en Murcia marca diferencias. Se encuentra en un momento en el que todo encaja", recuerda Alejandro Gómez.

Para él, Facundo era mejor todavía como persona. Al igual que en Argentina o en el Real Madrid, se le veía como "un chico súper normal, humilde, y cuando alguien con su talento y fuera es tan buena gente, todavía se agradece más". "Hay jugadores que siendo mucho menos que él se creen alguien", pero la humildad era signo de distinción.

Un carácter que hizo, como reflejan esos datos, que terminara entendiéndose con Fotis Katsikaris. Una dupla que fue determinante para lograr esos históricos resultados.

"Al principio era más complicado porque era nuevo, pero acaban entendiéndose y jugando". Si hay una posición que debe comunicarse constantemente con el entrenador es la de base. Por ello, Facu "acaba apoyando al entrenador en momentos complicados que pasa el equipo". "Hay un cambio radical con Fotis, que baja el pie, le da más cariño y vemos su mejor versión. Fue a darle cariño y sacó su mejor versión", destaca un Alejandro Gómez que, en parte, fue culpable de que finalmente Fotis confiara en Facu.

Radovic, que es quien compartía vestuario, reconoce también que ni hacía falta decirle nada en momentos complicados. Pese a que eran conscientes de esas tensiones con el entrenador, no daban importancia a una

relación más de las muchas que hay en los equipos profesionales. Exigencia, retos, presión y un sinfín de personalidades que no siempre tienen que conjugar fuera de la pista, aunque sí lo hagan dentro.

"No le decíamos muchas cosas porque ves que es bueno. Cuando lo hace bien o mal, siempre venía desde su corazón. Cuando ves que entra con tantas ganas y competitividad, no le podías decir nada. Daba igual jugar bien, mal, pasarla o no, siempre estaba al 100 %. Es uno de los jugadores a los que no se puede reprochar nada", subraya Nemanja.

"Facu era una de las piezas más importantes del equipo, era nuestro motor". Y con su dirección de juego se marcaban los tempos del equipo. Además, el hecho de que en todo momento estuviera preparado para lo que pudiera venir, ayudaba al resto de compañeros.

"Fue siempre muy positivo, no noté nunca en su etapa aquí algún bajón mental. Siempre con muchas ganas, siempre sacaba lo mejor posible. Venía, trabajaba mucho y eso le empujaba hacia delante". Radovic confiaba.

El primer año Campazzo se consagró. Los *playoffs*, pese a no superar la primera ronda, fueron todo un éxito. Contra el Real Madrid anotó 25, 19 y 22 puntos. El equipo merengue estuvo al borde de sufrir una eliminación histórica. Un varapalo que, en caso de haberse consumado, lo habría provocado un jugador cedido. Ahí comenzó la duda sobre qué pasaría la siguiente temporada con Facu. Ahí se inició un verano clave.

MINUTOS	Facundo Campazzo (26:32)
PUNTOS	Campazzo (12,6)
ASISTENCIAS	Campazzo (5,3)
REBOTES	Lima (5,9)
VALORACIÓN	Campazzo (15,5)
PARTIDOS JUGADOS	Campazzo, Antelo, Cabezas, Radovic y Rojas (37)

Líderes estadísticos de UCAM Murcia en la temporada 2015/2016

"Se adaptó muy bien a Murcia. Tuvimos un grupo muy bueno, unido, y siempre quedábamos después de los entrenamientos y los partidos. La primera temporada era soltero, la cosa era muy bonita. Estábamos siempre fuera, comiendo juntos...", explica Radovic sobre la otra cara de Facundo Campazzo.

Pero tras ese primer año, Fotis Katsikaris fichó por el Lokomotiv Kuban. El UCAM Murcia, además, fichó a Óscar Quintana. Y UCAM Murcia se puso a negociar con el Real Madrid la posibilidad de ampliar la cesión una temporada más. El hecho de que Campazzo casi eliminara al equipo de Pablo Laso en la primera ronda del *playoff* no facilitaba las cosas. El argentino estaba dejando claro que talento tenía de sobra.

"Durante el verano se habla de que hay equipos que lo quieren. El Real Madrid me dice que no hay problemas, pero luego el contrato no llega. El equipo juega *playoffs* contra el Madrid y casi les eliminamos. Les ponemos contra las cuerdas y hay un planteamiento por su parte de qué hacemos con el jugador". Lo que parecía hecho se complicó en exceso durante el verano del 2016.

"Djordevic habla con él en verano cuando está con la Selección. Hacemos un esfuerzo económico para demostrarle que le queremos y ellos lo tienen claro. El Real Madrid tuvo que entenderlo y aceptar lo que quería el jugador", espeta Alejandro Gómez. Djordevic, cabe recordar, había firmado ese año como nuevo entrenador del Bayern.

El club alemán era mucho más potente económicamente que el UCAM Murcia. Y, además, ya durante la temporada se habían recibido propuestas para cambiar el destino del base argentino. "Me llama el Real Madrid para decirme que hay una oferta muy importante del Bayern a mitad de temporada. Nosotros dijimos que bajo ningún concepto", recuerda Gómez sobre ese 2016.

"Hubo un runrún en el vestuario y él lo aclara. Me dice que qué quiero yo, si quería sacar dinero. Él ni se lo plantea". En ese momento se pudo comprobar la fidelidad que Campazzo tenía con Murcia. Quería seguir, pese al interés de otros grandes clubes a hacerse con sus servicios. Estaba firmemente ligado al proyecto, aunque se hubiera cambiado de entrenador ese mismo verano.

"Estaba muy identificado a nivel personal. Estábamos jugando la Eurocup, clasificándolos, a un nivel muy alto y él creciendo a pasos agigantados. Fue una temporada donde él pega un salto importante". "Cuando tuvo problemas para renovar el segundo año, lo que pasó en el primero ayudó". Su retorno se retrasó al 2017.

Él fue el primero en acabar con todos los rumores. "Estoy muy contento de poder seguir una temporada más en el UCAM Murcia. Me encariñé con el club y con su afición", anunció en redes sociales días antes de que llegaran los comunicados oficiales. "Volver a jugar en el UCAM Murcia fue la decisión acertada. Jugar en Murcia me pone muy contento y tenía muchas ganas", llegó a indicar en la presentación de la temporada.

"Era cuestión de días. Finalmente, el UCAM Murcia y el Real Madrid CF, han formalizado todos los puntos del contrato que permite la cesión de Facundo Campazzo durante una temporada más", celebraba el club murciano en la nota oficial que confirmó la continuidad del base argentino.

"Fue una de las revelaciones de la pasada temporada en la Liga Endesa. Su juego alegre, efectivo y lleno de filigranas hizo las delicias de los aficionados del Palacio de los Deportes. Ese mismo público podrá disfrutar de Facundo Campazzo una temporada más. 'El Tango de la

Liga' seguirá defendiendo los colores universitarios en la competición doméstica y en Eurocup".

El festejo era absoluto: "Facundo Campazzo volverá a sacar su varita y su chistera en el Palacio de los Deportes", destacaron en esa misma nota. Esa segunda temporada, Campazzo sería el base líder indiscutible junto a Pedro Llompart.

Además, se reuniría con Martynas Pocius, jugador clave en el salto NBA de Campazzo. El UCAM Murcia ahora aspiraba a más. Debía mantenerse tanto en Liga Endesa como dar la cara en la Eurocup. Una conjugación de competiciones que en clubes más pequeños suele pasar factura.

Como reconoce Alejandro, "cuando está dentro de un grupo, de un vestuario, no quiere especulaciones". Facu "quiere que la gente sepa que está al cien por cien. Por encima de todo es una persona extraordinaria con muchos valores. Nunca le importó el dinero. Le importaron las personas y el corazón de la gente, y es muy difícil encontrarlo en el mundo profesional".

Pero la segunda temporada no sería importante solo por ese salto en el equipo. "El primer año soltero, el segundo conoce a su mujer y empieza a vivir una vida familiar", como recuerda Radovic. "Creo que con eso maduró mucho, cambió y se tranquilizó. Esas cosas vienen con los años, él encontró a la mujer de su vida y le está ayudando mucho". El nuevo Campazzo seguía cogiendo forma.

El principal cambio en el equipo estaba en la llegada de Óscar Quintana, un veterano de los banquillos. Después de una relación con numerosos altibajos con Fotis Katsikaris, Campazzo tenía la oportunidad de ganarse la confianza de otro entrenador. Además, ahora lo podría hacer con la ventaja de ser una de las estrellas del equipo. Una, por no decir la estrella en mayúsculas.

"Con Óscar tuvo una buena relación, no se conocían y Óscar es un tío muy temperamental que quería darle mucho cariño". Alejandro Gómez recuerda una escena en la que quedó reflejado ese apoyo del técnico al jugador.

Según cuenta, a "Campazzo le habían puesto el sanbenito de que siempre fallaba la última" y en una de esas acciones, con décimas para el final, Óscar Quintana llegó a invadir la pista para celebrar la canasta de Campazzo. No era una acción ofensiva más, era el resumen de lo que era Campazzo y de la conexión con el técnico.

Ese año, como explica Nemanja Radovic, "sí que cambiaron las cosas con Quintana". "Veníamos de una magnífica temporada, pero las cosas luego no nos fueron muy bien".

Y es que el UCAM Murcia tuvo que recuperar a Katsikaris apenas unos meses después de haber firmado a Quintana. La razón no fue otra que los malos resultados ligueros. En enero, el técnico griego regresó al banquillo. El balance a remediar era de cinco victorias en 18 jornadas de competición doméstica.

VS. JOVENTUT (V)	19 puntos y 18 de valoración
VS. BASKONIA (D)	13 puntos y 16 de valoración
VS. MANRESA (V)	5 puntos y 16 de valoración
VS. REAL MADRID (D)	19 puntos y 26 de valoración
VS. ZARAGOZA (D)	9 puntos y 1 de valoración
VS. GRAN CANARIA (D)	5 puntos y -2 de valoración
VS. BARÇA (D)	24 puntos y 26 de valoración
VS. BETIS (V)	17 puntos y 22 de valoración
VS. OBRADOIRO (D)	11 puntos y 16 de valoración
VS. TENERIFE (D)	2 puntos y 6 de valoración
VS. BILBAO (V)	24 puntos y 36 de valoración
VS. FUENLABRADA (D)	19 puntos y 11 de valoración
VS. ESTUDIANTES (V)	14 puntos y 20 de valoración
VS. VALENCIA (D)	20 puntos y 20 de valoración
VS. UNICAJA (D)	22 puntos y 24 de valoración
VS. BASKONIA (D)	9 puntos y 1 de valoración

Estadísticas de Campazzo con Óscar Quintana

"En enero o febrero cortaron a Óscar y volvió Katsikaris. Con su vuelta terminamos el año bien; la segunda parte de la temporada estaba jugando en pareja con Facu. Podías vivir con él sin hacer nada más. Cómo lee el *pick and roll*, cómo lee el juego... Con Facu me encontraba de una manera increíble", describe Nemanja Radovic.

Esa temporada el UCAM Murcia acabaría en novena posición. Una gran remontada, teniendo en cuenta las complicaciones sufridas hasta el mes de enero. No hubo suerte en competición europea, pues solo se había firmado una victoria en el Top16 y Katsikaris tuvo escaso margen para hacer algo tras su llegada.

Facundo Campazzo, eso sí, firmó grandes actuaciones, pese a no ser suficiente.

PARTIDOS	13
TITULAR	12
MINUTOS	30:10
PUNTOS	13,2
REBOTES	2,7
ASISTENCIAS	6,7
VALORACIÓN	15,8

Durante todo ese tiempo, pese a que ya había rumores, Campazzo se mantuvo cauto. Como en Peñarol, donde apenas habló del Real Madrid con sus compañeros. "Nos dijo que probablemente se iba a ir, pero en la pista no se notaba. Hasta el último momento la pegó a tope, disfrutamos de él todo lo que podíamos porque sabíamos que se iba a ir para el próximo año. Era muy bonito y fácil jugar con él", asegura Radovic.

4.3 LA CLAVE DEL FÍSICO

Campazzo llegó a Murcia trabajando con Paulo Maccari, aunque de manera breve. Sería aquí donde se intensificara. Y gran parte de la culpa estuvo en su trabajo con Manu Marín, preparador físico del equipo murciano y uno de los apoyos de muchos grandes jugadores del baloncesto nacional. Rudy Fernández, por ejemplo, es uno de los nombres que durante mucho tiempo ha trabajado con él.

Marín llegó en la segunda temporada. "Estaba un año antes de que yo fuera preparador físico de primer equipo. Hasta entonces trabajaba; lo seguía mucho. Pero cuando formo parte del primer equipo, soy el preparador principal, es cuando él viene de estar ese verano con la Selección y quiere hacer un cambio en alimentación, en entrenamiento de fuerza y externo al baloncesto". La doctrina Maccari.

"Me plantea trabajar un poco más, hacer las cosas en la línea de la selección argentina. Y a partir de ahí empezamos a trabajar en aspectos un poco más específicos del trabajo de fuerza y de potencia. Todo en base a los objetivos que él quería conseguir". Sin embargo, "lo principal es el cambio de alimentación".

Campazzo estaba convencido de que debía hacer algo para transformarse en una estrella. "El primer año intenta hacerlo y cambiarlo, pero el segundo año en Murcia es cuando lo consigue. El primer año lo empieza poco a poco y no lo sigue de forma estricta. En el segundo se vuelca en ello y pone todo el foco de atención en esto".

Hay que recordar que Maccari ya se molestó cuando, en una primera ocasión, Campazzo le pidió ayuda y no terminó de cumplir con el plan específicamente elaborado para él. Sería con el cambio de alimentación, y con esa limpieza de la nevera de Campazzo y su pareja, cuando el jugador vive realmente su particular evolución.

"Me sorprende, no era el típico *planing* de llevar una dieta; era solo llevar hábitos de nutrición y una planificación específica: ser más explosivo, ganar fuerza sin perder velocidad. Nos marcamos un objetivo, pero sin un camino claro. Ese año tenemos doble competición, teníamos que buscar las sesiones entre partidos... Trabajamos muchísimo".

Manu Marín se convirtió en una de las personas más cercanas a Facundo Campazzo. El argentino debía liderar al equipo. Y lo tenía que hacer tanto en Liga Endesa como en la Euroliga. Un desgaste físico que a cualquier persona podría machacarle, pero que Campazzo afrontó con determinación gracias a un equipo de profesionales.

"El solía hacer las sesiones del equipo y a lo mejor alguna extra, pero pasamos a hacer un trabajo físico casi a diario", relata Manu Marín. La historia podría ser algo similar a la de Peñarol, pues allí llegó de Argentina e im-

puso una forma de trabajo que sorprendió al técnico de entonces, Fernando "Tulo" Rivero.

Además, este año coincide con Benite o Delia. Jugadores que, por el estilo de sus selecciones, tenían rutinas de trabajo similares. Algunos de ellos, también por filosofía de trabajo por estar en Brasil y Argentina, empiezan a hacer sesiones más a menudo de trabajo físico, no solo las del equipo. La intención, si siempre se dice que es lo que cuenta, en este caso estaba muy presente.

"Buscaban un trabajo más específico en el que todo se centrara en ellos, en cosas a mejorar. La tendencia, además de con Facu, se traslada a otros jugadores". El UCAM Murcia, en parte por ese interés de Campazzo, acaba viviendo una mejora física del resto de sus jugadores. Marín, preparador físico, estaba presente en esa labor.

"Campazzo me dice el objetivo y yo le planteo cómo podemos alcanzarlo. Al principio ve que vamos de la mano con la Selección, que vamos en sintonía con lo que él busca. Además, tiene experiencia en el Real Madrid, que tienen de los mejores preparadores físicos de la liga y Europa. Ve que lo que le planteo tiene muchas similitudes con lo que ha estado viendo". Marín se centró mucho en el trabajo de potencia. Y Campazzo no tardó en comprobar que le estaba gustando su colaboración con Manu.

"Se siente atraído por eso y por un poco de confianza en mí". El contacto entre el preparador físico y el base argentino fue a mayores. Tanto que las conversaciones sobre cuáles eran realmente sus objetivos no faltaban. Se hablaba de la NBA, del Real Madrid, del UCAM Murcia. Se hablaba de todo y de nada a la vez.

"Algunas veces sí, pero no es lo principal [de sus conversaciones]". "Es la ambición que tiene de mejorar el equipo, pero llegar a plantearse ser el MVP de la Copa del Rey o de los mejores jugadores de la liga no [se trataba en esas charlas]".

"Se lo plantea más a nivel personal, de querer dar el máximo nivel. Conmigo nunca ha tenido el punto de decirme: 'Quiero mejorar para ser el MVP de la liga'. Sí para ser el mejor Facu. Tenía el punto de querer demostrar en el Real Madrid porque en el primer año no llega a demostrar su potencial; quiere tener una mejor versión suya para demostrárselo al Real Madrid y al resto de equipos".

Ser el mejor Facu le llevó a repetir esos piques que, anteriormente, ya había vivido en Peñarol. "Había pique sanos, de broma. Con el tema de hacer algún mate siempre se lo decían y había veces que en el entrenamiento hacía el mate solo para callar la boca. Es algo que tiene y su carácter se nota mucho".

En definitiva, todo ese trabajo tendría consecuencias. La primera temporada en el UCAM Murcia fue jugador de la jornada 8 de Liga Endesa. En la segunda campaña repitió galardón en la jornada 13. En esta última temporada en Murcia, pese a no ser la más brillante

en cuanto a resultados, logró un hueco en el segundo mejor quinteto de la liga y se llevó el reconocimiento a jugador más espectacular. El físico y su rutina son parte de todos estos premios.

Pasado el tiempo, Campazzo no ha tenido miedo en revelar su alimentación. Según confesó en una entrevista para *ESPN*, ya en la NBA, su ayuno intermitente es una de las posibilidades: "Cuando estoy en el hotel se me complica, pero normalmente sigo la dieta. Me tomo un café o unos mates y me voy a entrenar. Regreso y almuerzo, estoy toda la tarde con las chicas y a la noche ceno y ya está", explicó.

4.4 SUS DUDAS CON EL MADRID

Campazzo finalizó su cesión en UCAM Murcia en la temporada 2016/2017. Ya no había posibilidad de una nueva estancia en el equipo. Al menos, eso sí, que fuera en forma de traspaso. Al argentino ya solo le quedaba un año de contrato con el conjunto merengue y era volver a la capital o despedirse definitivamente de sus opciones.

"Quiero agradecer de corazón a toda la gente de UCAM Murcia por estos dos años increíbles. Me llevo recuerdos que me acompañarán de por vida. La ciudad, el club y su afición me han hecho sentir como en mi casa. Todos los días. Deseo sinceramente lo mejor para ustedes. Siempre", se despidió Facundo en redes sociales.

El camino elegido, especialmente por el Real Madrid, fue el de quedarse con el jugador en su plantilla. Facu, por su parte, no lo tuvo tan claro. Era evidente que podía cumplir el sueño de jugar con la remera blanca, pero sintió notables dudas sobre qué hacer.

"El Madrid tiene un año más de contrato, lo repesca y las dudas se acaban con la lesión de Llull. Va con el rol de Draper de tener esa posición de tres bases. Se dan cuenta de que atrás es un jugador seguro y que en Murcia ha mejorado muchísimo. Para Pablo ya cambia el concepto de jugador. Coge galones y hace lo que hizo en Murcia", relata Alejandro Gómez.

El argentino no quería encontrarse de nuevo sin minutos. Después de dos heroicas temporadas en Murcia, quedar como un mero suplente en el equipo blanco supondría un duro varapalo a nivel mental. Y ese era su gran temor. Así se lo trasladó a su entorno más cercano, con el que siempre mantuvo contacto para explicarle sus impresiones.

"Tiene muchas dudas, tanto del Real Madrid como del entrenador", reconoce Alejandro. Sin embargo, sus ganas de resarcirse eran mayores. "Hablaba con él bastante porque éramos compañeros de habitación. Siempre tenía ganas de volver al Madrid y enseñar qué jugador era. Cualquiera que le conoce sabe que tiene

esa garra de demostrar cosas. Tenía muchas ganas de volver al Madrid", destaca Radovic.

El GM del UCAM Murcia llegó a ir a Madrid para calmarle y darle apoyo. La relación, como se puede comprobar, era excelente. Tanto que hasta antes de irse a la NBA estuvieron juntos para analizar ese futuro en la máxima competición del baloncesto mundial.

"Vamos a ver un partido de *playoff* del Real Madrid contra el Unicaja. Habla con Pablo. Le doy confianza porque tenía muchas dudas. Fue un gran año para él y sirvió para que el Madrid se replanteara el volver a tenerlo. La lesión de Llull con la selección ayudó. Él tenía muchas dudas de que le quisieran, nosotros le ayudamos a volver. Sabíamos que fuera donde fuera lo iba a hacer muy bien", confirma Gómez.

Esa lesión del base balear fue determinante. Como la marcha atrás de Tato Rodríguez por los problemas de corazón. "Encuentra estabilidad por esa lesión de Llull y va jugando cada vez mejor. Mantiene relación con nosotros, pregunta cosas, hablamos… Una relación muy buena", como dice Alejandro, mientras él estaba en Madrid.

El vínculo con Murcia no desapareció nunca. Ni con Manu Martín. "Cuando se va de Murcia, le mando, como con otros jugadores que me lo piden, todos los *planning* de trabajo que hemos hecho en Murcia, algunos que pueda hacer en pretemporada y una planificación para verano para que la vaya siguiendo", indica el preparador físico.

"Alguna vez hemos seguido en contacto, alguna sesión que me ha pedido, alguna parte de la temporada me ha pedido algún trabajo para hacer… Este último año [2020] ha sido cuando hemos recuperado algo el contacto, tanto en la pandemia para trabajo físico desde casa, como en verano, que se junta con varios jugadores de la selección argentina y me propone ir a Alicante a trabajar con ellos". Campazzo, además de mantener relación con quien le apoyó, es agradecido.

Manu Marín, pese a haber trabajado con estrellas como Rudy, se sumó a una jornada con referentes argentinos. "Me pareció increíble trabajar con Maccari, es un referente. Cuando Facu me lo propone, para mí es algo importantísimo y algo que no me esperaba. Trabajar con él, Laprovittola, Vildoza…". Un regalo que hablaba más de su persona que del jugador que ya sorprendía.

Nemanja Radovic, igualmente, destaca esa bondad de Facu. La de "ayudar siempre a los jóvenes". Bueno, la de ayudar en general: "Tiene un corazón muy grande, siempre quiere ayudar. Es una persona muy buena, con muchos amigos del baloncesto y siempre está ahí para ayudar".

El montenegrino se reconoce como admirador de Campazzo por muchas razones. "Siempre ha tenido esa mentalidad de ganador. El reto de la altura se lo toma muy personal y desde eso empezó todo. Quiso enseñar

que podía ser un jugador muy bueno, que podía llegar al Real Madrid, que podía llegar a la NBA. Es una de sus claves".

Pero, además, su cercanía con el resto de compañeros le ha generado un ejército de apoyos en el que escudarse siempre que quiera.

"He sido yo más el que ha estado encima de él. El éxito de Facu era el éxito de los de alrededor. A lo mejor suena típico, pero si Facu triunfa y yo he podido ayudar un 1 %, es algo de lo que sentirse orgulloso y me realiza como profesional".

Por ello, Radovic, como muchos otros, no ha querido dejarle de lado ahora que ha saltado a la NBA. "He sido yo un poco más el que he preguntado, cómo llevaba no jugar tanto y no tener minutos de calidad. También a los físicos de Denver los sigo por el trabajo que hace. Y con Cancar —exjugador ACB que fichó por los Nuggets— me habían dicho que había pegado un cambio físico increíble. Le preguntaba cómo era el trabajo físico, pero más como curiosidad. La NBA tiene los mejores profesionales en todos los ámbitos". Y Campazzo, como uno de los mejores jugadores, trabaja con ellos.

CAPÍTULO 5

LA HORA REAL

5.1 EL MISMO GUION

Facundo Campazzo se convirtió en jugador del Real Madrid al inicio de la temporada 2017/2018. El argentino ponía fin así a una cesión de dos temporadas en Murcia. El club merengue confiaba en él. Pero, además, debía hacerlo si no quería acudir al mercado para reforzar el puesto de base. Sergio Llull se había lesionado ese verano con la selección española y tenía para mucho tiempo de baja. El puesto de "uno" se convirtió, entonces, en el gran dolor de cabeza de la entidad capitalina.

En las oficinas de la capital se contaba con dos nombres hasta que Sergio Llull se recuperara. Para ello, de cualquier manera, se tenía que esperar con tranquilidad

absoluta. Luka Doncic y Facundo Campazzo serían quienes dirigieran al equipo durante todo ese tiempo. Y, al menos tras su gran verano, ambos contaban con la seguridad y potencial suficientes para manejar al quinteto del Real Madrid desde el puesto de base.

Luka Doncic, que jugaría su última temporada antes de poner rumbo a la NBA, firmó un Eurobasket de ensueño con Eslovenia. Se proclamó campeón de Europa y, pese a acabar con problemas físicos, logró confirmarse como un talento mundial. El madridista se marchó del torneo con 14,3 puntos, 18,7 de valoración, 8,1 rebotes y 3,6 asistencias. Por lo tanto, no había duda alguna sobre si Doncic podría hacer olvidar a Llull.

Facundo Campazzo, por su parte, era quien tenía todos los focos apuntando a sus capacidades. Los fantasmas del 2014 podían volver en cualquier momento. Y no tener más variable que él o Doncic le iba a infligir la presión suficiente como para no poder fallar. A su favor, eso sí, estaba la actuación con Argentina. Esa misma que hizo confiar al Real Madrid en su potencial sin tener que acudir al mercado a por una estrella. El base de la Albiceleste, plata en el FIBA AmeriCup del 2017 tras perder la final ante Estados Unidos, fue el gran líder de su selección.

El ex de Peñarol promedió 14 puntos y 17,8 créditos de valoración a lo largo de todo el torneo. Prácticamente igual que Luka Doncic. Campazzo capturó 2,8 rebotes y repartió 6,6 asistencias por partido. Eso, sumado a los

2,2 robos por encuentro y a un balance positivo de +14,4 con él en la cancha, le permitió estar entre los mejores. Facu entró en el mejor quinteto del torneo junto a los estadounidenses Warney y Hilliard, el mexicano Francisco Cruz y su compañero Nico Brussino.

La estadística le daba la razón. Tanto a él como a un Real Madrid al que se había vinculado con jugadores eternamente relacionados como Jayson Granger. Pero no. La decisión era quedarse con Campazzo y aún más tras confirmarse que el base no contaría como jugador extracomunitario. Tras numerosas gestiones y una ansiada espera, Facundo Campazzo recibió el pasaporte español y evitó la complicación de los cupos.

Con esas, Facundo Campazzo regresó a los entrenamientos del Real Madrid. "Tenía muchas ganas de volver. Estoy agradecido al club por confiar de nuevo en mí. Creo que vuelvo más maduro, con más experiencia, y espero ayudar al equipo con mi intensidad y ganas", destacó él mismo a los medios oficiales del club en su retorno.

"Mis objetivos a nivel personal son mejorar día a día, subir un escalón más y aprender de este grupo de compañeros". Campazzo, esta vez sí, comenzaría su mejor momento tanto en el club merengue como en el baloncesto de élite continental. Sería el inicio de su proceso de explosión que concluiría con su fichaje por la NBA. Y todo pese a los altibajos de un Real Madrid que también pasó momentos complicados.

De hecho, el primer varapalo para el conjunto blanco no tardaría en llegar. Facundo Campazzo y Luka Doncic, la pareja de bases que debían hacer olvidar la lesión de Sergio Llull, no fueron suficientes para ganar el primer título de la temporada.

Campazzo anotó tres puntos. Luka Doncic no superó los seis. Y el Real Madrid perdió en semifinales de la Supercopa de España contra todo pronóstico ante Herbalife Gran Canaria (73-64). La atención se ponía entonces en la Liga Endesa, la Euroliga y la Copa del Rey. Pero siempre acompañados de las dudas sobre si se había acertado en la gestión de la plantilla y en la negativa a incorporar un base estrella.

El tiempo le daría la razón a la directiva del Real Madrid, a Facundo Campazzo y a Luka Doncic. En una temporada donde hubo duros golpes, el equipo ganó el doblete de Euroliga y Liga Endesa. Se escaparon los galardones de la Copa y la Supercopa, pero se cerró un año histórico con La Décima y con una despedida a Luka Doncic para enmarcar. Campazzo, además, se reafirmó como opción de liderazgo en el equipo.

El base jugaría esa temporada 33 partidos de Liga Endesa. Salvo alguna excepción, lo hizo como base titular. Promedió más de 21 minutos, nueve puntos, cuatro asistencias y 11,9 créditos de valoración. En la Euroliga, el otro título cosechado por el cuadro merengue, los datos no serían muy diferentes. Campazzo firmó 8,7 puntos, 2,64 rebotes, 5,2 asistencias y 12,97 créditos de valoración por encuentro. Evidentemente, había cumplido con creces.

Campazzo, al fin y al cabo, cumplió con el mismo guion que en Peñarol Mar de Plata. El de la casualidad, pero también el del trabajo individual. Porque si en Argentina la baja del Tato Rodríguez le abrió la puerta del quinteto titular de manera indefinida, la baja de Sergio Llull en el Real Madrid funcionó de la misma manera. Es tan idéntica la historia que en ambos casos se estudió la posibilidad de fichar, pero el talento de Campazzo acabó nublando ese horizonte de nombres y pretendientes para ocupar él todo el espacio posible.

Este Campazzo, recordemos, era muy diferente al de la primera temporada. Más maduro, más adaptado y mucho más mejorado. El trabajo con Paulo Maccari ya había hecho efecto y el base era una potencia física combinada con una inteligencia sobre el parqué, que hacía olvidar cualquier prejuicio sobre la altura. Esto le permitió entrar en el segundo mejor quinteto de la Liga Endesa 2017/2018.

"El trabajo en Murcia fue espectacular. Sobre todo está el trabajo de la alimentación. Facu cambió radicalmente su manera de comer, su sistema y le trajo muchísimos beneficios. Es una corriente que en la mayoría de jugadores argentinos tuvieron", recuerda Pedro Bonofiglio sobre esta segunda etapa de Campazzo en el Real Madrid.

Sin embargo, con talento y suerte no se consigue todo. También hay que tener personalidad. Y Campazzo la tuvo con excedentes. "Hay líderes en el Real Madrid, hay galones. Pero Facu supo ganarse su lugar con trabajo más allá del talento", explica un Bonofiglio que puede considerarse una de las personas más cercanas al equipo merengue siempre que se juega en el WiZink Center.

"El trabajo diario, no solo en el pabellón de entrenamiento sino también en su propia casa con el tema de la alimentación para convertirse en una máquina de matar" resultó clave en su proceso de ser una estrella. "Se ganó los galones y respeto de compañeros que son estrellas, capitanes, e hicieron sitio a un tipo como Facundo Campazzo que exigía ese lugar y se lo ganó con sacrificio".

Su trato con el aficionado merengue, por ejemplo, fue el perfecto reflejo de cómo había evolucionado. "El público del Real Madrid es muy exigente. Es un público que sabe de baloncesto, que va a verlo y no es porque le hayan regalado una entrada. Ganarse ese público es muy complicado y difícil". Por ello, Campazzo sufrió más en la primera temporada y dejó atrás cualquier miedo en su regreso.

"Lo que necesitaba en Murcia era ganar confianza, que es lo que le faltaba el primer año. Cuando viene con esa confianza, con esa característica de jugador anotador y que se deja la piel en defensa, el Real Madrid empieza a valorar lo que tiene Campazzo. Se transforma en una de las estrellas del equipo".

"Obviamente el talento está de más, tienes que tenerlo, pero el escudo también pide que cada jugador que vista la camiseta se deje la piel. Y Facu se la dejó desde el primer minuto y es lo que le convirtió en una de las referencias". Y es que pocos jugadores cuentan con despedidas con honores como la que tuvo Campazzo. Más allá de un comunicado anunciando su marcha, contaría con ese adiós de todo el equipo y del club.

5.2 LA EXPLOSIÓN CONTINENTAL

El Real Madrid se proclamó campeón de la Euroliga en la temporada 2017/2018. Cosas del destino, el equipo merengue se llevó el título continental en las dos primeras temporadas con Campazzo. La primera llegó en 2015 con un Facundo que tenía un rol secundario. La segunda en la 2017/2018, con un Campazzo mucho más importante tras la baja de Sergio Llull y que, además, superó una intervención quirúrgica en 2018.

Sin embargo, su explosión continental se produjo un año después, cuando el argentino lograría reconocimientos individuales como el MVP de la Euroliga en el mes de abril (con un idilio con la bola, pues también se lo llevó en la Liga Endesa) o un puesto en el quinteto ideal de la competición continental. No hubo título, pero sí exhibición a nivel individual y confirmación de

que podía aspirar a la NBA. Doncic se había ido y él ocupó sin problema alguno la posición del *rookie* fichado por Dallas Mavericks.

Además, ese momento coincidió con su salto en Argentina. "Cuando se adueña del RM y su nombre empieza a ser fuerte en la selección argentina. Era el heredero de la generación dorada, lo cual es bueno pero a veces no tanto", explica Diego Morini.

"Y él, junto con Laprovittola a la cabeza, fueron los que supieron cargar la mochila de lo que significaba ser post Generación Dorada hasta hoy ser el alma para dejar de ser los chicos que heredaron algo", recuerda el periodista argentino.

La temporada 2019/2020, la que sería la última con el Real Madrid, comenzaría de la mejor manera. En los Juegos Panamericanos disputados en Perú, su Argentina se llevó el oro. Facundo Campazzo fue clave y dirigió a la Albiceleste para que Sergio Hernández se llevara su primer título como seleccionador. Era, de alguna manera, el agradecimiento de Campazzo por permitirle dar el salto en Peñarol.

Argentina ganó tres de sus cinco partidos de los Panamericanos, anotando más de 100 puntos. Los únicos duelos que se quedaron por debajo de dicha cifra fueron ante México y la final con un 66-84 ante Puerto Rico. Y Facundo Campazzo se coronó como el jugador sobre el que poner el peso de la transición de la Generación Dorada a la Nueva Generación.

VS. URUGUAY (102-65)	2 puntos, 7 rebotes, 3 asistencias
VS. REPÚBLICA DOMI-NICANA (102-97)	17 puntos, 6 rebotes, 7 asistencias
VS. MÉXICO (64-72)	Sin jugar
VS. ESTADOS UNIDOS (114-75)	5 puntos, 3 rebotes, 5 asistencias
VS. PUERTO RICO (84-66)	10 puntos, 2 rebotes, 12 asistencias

Datos de Campazzo en los Panamericanos 2019 de Perú

Esos Panamericanos fueron la antesala del Mundial 2019. Y ese Mundial 2019 fue la mejor noticia para Argentina, que ya veía cómo su selección se quedaría sin hueco en el panorama internacional tras la retirada de la Generación Dorada. Solo aguantaba un interminable Luis Scola. Pero él, pese a su talento y veteranía, no iba a ser suficiente para afianzarse ante las potencias. De ahí que el paso de Campazzo se esperara con mayor intensidad e incertidumbre.

"Inmediatamente parecía como que no había chance de lograr aquello. Y aún hoy sigo creyendo que es difícil por mil circunstancias. Pero sí creo que lo que hizo Argentina en China está muy cerca, y que la proyección podría acercarlos. Había una enorme incertidumbre, Argentina llevaba mucho tiempo sin ganar títulos y eso

que gana el Panamericano antes de ir a China, lo necesitaban todos", recuerda Diego Morini.

"Se escapó una Copa América ante EE.UU. La nueva generación necesitaba un título para convencerse de que ellos podían cargar con esa mochila". Y ese Mundial era la gran oportunidad para lograrlo. Campazzo terminó con 29,2 minutos de media solo superado por Scola. Capturó 4,3 rebotes y dio 7,8 asistencias por encuentro. Acompañado de 13,3 puntos, finalizó el torneo mundialista con 18,3 de valoración.

VALORA-CIÓN	PUNTOS	REBOTES	ASISTEN-CIAS
Luis Scola 18,8	Scola 17,9	Scola 8,1	Campazzo 7,8
Facundo Campazzo 18,3	Deck 13,9	Marcos De-lia 4,6	Nico Laprovittola 3,6
Gabriel Deck 13,1	Campazzo 13,3	Campazzo 4,3	Luca Vildoza 2,1

Líderes de Argentina durante el Mundial

La estadística no sería suficiente y Argentina, después de arrasar a Francia (80-66) en semifinales, se tuvo que conformar con una plata. Campazzo firmó en aquel encuentro 12 puntos, seis rebotes y siete asistencias en más de media hora de juego. Pero en la final, ante España (75-95), no pudo acabar con los de Scariolo, pese a los 11 puntos, dos rebotes y ocho asistencias. Argentina logró la plata. Campazzo, el reconocimiento.

"Sienten que la forma en la que juega Facundo y muchos chicos de la selección es la que les representa", dice Diego Morini sobre cómo esta selección ha detonado el despertar del aficionado. "Si ellos hubieran podido elegir una forma en la que expresarse en una cancha de básquet, sería la del Mundial de China. Esa cosa de competir, ser respetuoso con cualquier rival y valorar los logros".

"Facundo es uno de los que más aprendió porque compartió con todos ellos —los jugadores de la Generación Dorada— y supo interpretar de qué se trataba eso. Luego se reprodujo en la selección. Él supo absorber todo lo que vio a Scola, Manu —Ginóbili—, Chapu o Prigioni. Ellos fueron muy inteligentes para saber absorber todo eso. Y después lo pusieron en la cancha".

Tras ese éxito con Argentina, llegó a España y perdió la Supercopa. Sin embargo, sí que se llevaría la Liga Endesa y la Copa del Rey. Esta segunda, uno de los torneos fetiche para el lasismo, finalizó con un recital de Campazzo en la gran final. 13 puntos, 13 asistencias y 29 de valoración cuajó el argentino para labrar la mayor diferencia de la historia en una final de la Copa del Rey. El cuadro merengue se impuso a Unicaja por 68-95. Un +27 nunca visto en una cita de estas características.

El Madrid, y el mismo Campazzo, pasaba del varapalo en septiembre de 2019 al éxito en febrero de 2020. Y poco después, a finales de dicha campaña, se reafirmaría con el título de la Liga Endesa 2019/2020. Un título en el que Campazzo fue clave, pues se metió en el mejor quinteto del curso doméstico con una media de 11,2 puntos, 5 asistencias y 2,5 rebotes para 14,8 créditos de valoración por encuentro.

2018/2019	CAMPAZZO	LLULL
LIGA ENDESA	10,4 puntos 2,7 rebotes 4,9 asistencias 15,1 valoración	10,6 puntos 2,0 rebotes 3,7 asistencias 9,9 valoración
EUROLIGA	8,7 puntos 2,6 rebotes 5,2 asistencias 12,97 valoración	10,48 puntos 1,96 rebotes 3,96 asistencias 9,29 valoración

Datos de los bases del Real Madrid en la 2018/2019

Una de las claves de esta temporada 2019/2020 fue la falta de rotación en el puesto de base. El Real Madrid se quedó con dos únicos titulares como Campazzo y Sergio Llull, mientras jugadores como el canterano Pantzar, o escoltas como Fabien Causeur y Prepelic, ayudaban en ocasiones en el puesto de uno.

2019/2020	CAMPAZZO	LLULL	LAPROVIT-TOLA
LIGA ENDESA	11,2 puntos 2,5 rebotes 5 asistencias 14,8 valoración	12,1 puntos 1,2 rebotes 2,7 asistencias 9,8 valoración	6 puntos 1,9 rebotes 2,9 asistencias 6,9 valoración
EUROLIGA	9,89 puntos 2,25 rebotes 7,10 asistencias 15,39 valoración	7,5 puntos 1,18 rebotes 3,5 asistencias 4,9 valoración	6,76 puntos 1,64 rebotes 3,79 asistencias 8,05 valoración

Datos de los bases del Real Madrid en la 2019/2020

En 2021 llegarían los Juegos Olímpicos de Tokio. Aplazados de su fecha original por la pandemia del coronavirus, la cita olímpica se desarrolló un año más tarde. La Argentina de Campazzo llegaba como una de las grandes selecciones. Y quedó encuadrada en un grupo de la muerte con España y Eslovenia. En cuartos de final, ante la finalmente bronce Australia, acabaría el camino argentino en Tokio. Campazzo, a diferencia de 2019, fue el número uno. Jugó más minutos que nadie con 28,3 de media. Y sus estadísticas quedaron en 14,3 puntos, 5,8 asistencias y 5,3 rebotes.

VALORA-CIÓN	PUNTOS	REBOTES	ASISTEN-CIAS
Campazzo 16,3	Scola 16,5	Deck 7,5	Campazzo 5,8
Scola 13,5	Campazzo 14,3	Delia 6	Laprovittola 4
Deck 13,0	Laprovittola 13,8	Campazzo 5,3	Vildoza 3

Líderes de Argentina en los Juegos Olímpicos 2020

"Tratamos de ver lo que hicimos mal, cómo no encontramos nuestro juego, nuestra dinámica; lo que veníamos construyendo los últimos años para poder hacerlo en el próximo torneo. Creo que eso nos sirvió mucho, por momentos nos sentimos cómodos, pero principalmente no y entonces queremos ser exigentes con nuestro juego. Cualquier generación tuvo un mal torneo, somos un equipo que puede sufrir eso, y ahora nuestra energía tiene que ir en pensar en el próximo objetivo", destacó en *UcU Web*, tras la eliminación.

Además, el base defendió el proyecto de la selección. Sin nacionalizados, simplemente tirando de cantera. "Años atrás veía normal nacionalizar jugadores, no me molestaba. En estos últimos años veo la idea de jugar con los que tenemos, con la Selección Argentina. Somos esto, con nuestras virtudes y defectos, vamos a luchar y prepararnos de esa manera. Mi cabeza va por

ese lado. No sé por qué cambié de idea, antes lo veía normal y ahora con más experiencia cambié de opinión. Tampoco digo que está mal, solo prefiero ir a perder, ganar o pelear cada torneo con lo que somos acá, sin nacionalizar".

5.3 FACU, ¿DEFENSOR O AGRESIVO?

Facundo Campazzo superó todas las críticas que le lanzaron a lo largo de sus inicios. La altura, fuera. El físico, fuera. Las dudas por jugar en Europa, fuera. Sin embargo, aún tuvo que hacer frente a la que podría haber sido la más dolorosa. La que ponía en duda lo que todo deportista, o casi todo, intenta mantener a lo largo de su travesía por las pistas: la deportividad. El argentino tuvo que enfrentarse hasta a acusaciones que hablaban de lesionar adrede a rivales.

Su primera temporada, por ejemplo, tuvo el primer incidente. Una acción en pleno partido entre el Real Madrid y el Panathinaikos en la Euroliga. A Campazzo le tocó defender a un histórico como Dimitris Diamantidis. En una pelea por la posición, el base sacó músculo y acabó tirando al suelo al griego. La jugada se hizo viral. Más que baloncesto parecía judo. Pero las críticas aparecieron en cascada hasta que Campazzo pidió perdón. Era el primer antecedente.

"Contento por la victoria de ayer, pero no tanto por cómo terminó el juego. Quiero disculparme, ya que soy un deportista y mi acción con Diamantidis, pese a la tensión que tienes en el partido, no estuvo bien. Pido disculpas a mis compañeros, a la afición y a Diamantidis", escribió el mismo Facundo Campazzo en redes sociales a la vista de la polémica generada.

Sería cuatro años más tarde, ya completamente asentado en el Real Madrid y en el baloncesto continental, cuando se enfrentaría a la mayor polémica de su carrera. Fue en diciembre de 2018 con Shengelia como rival. El Real Madrid jugaba ante Baskonia en el Fernando Buesa Arena. Tercer cuarto, dos minutos jugados y 32-58 clamoroso para el equipo de Pablo Laso. Una contra conducida por Shengelia, un cruce de Campazzo para frenarla y un feo gesto de la rodilla del georgiano.

La jugada se señaló como antideportiva. Campazzo se convirtió en el centro de todos los ataques de la afición baskonista. Con el paso de los días, el club vasco confirmaría que Shengelia sufrió una "lesión ligamentosa en su rodilla derecha". El lío ya estaba armado y tanto Campazzo como Pablo Laso tuvieron que afrontar las acusaciones.

"He visto la acción. Hay un montón así durante un partido, Shengelia tiene la mala suerte que se choca con Campazzo y no hay revuelo. El revuelo se monta si te gusta que lo haya", aseguró el entrenador del Real Madrid en una rueda de prensa posterior. "En mis años de jugador yo hacía muchas de esas y también me las han hecho".

Pese a la explicación de Pablo Laso, la campaña contra Campazzo ya estaba en proceso. "No hay ninguna historia. La desgracia es que Shengelia se ha lesionado, que es lo que me jode. Pero también hay gente que se lesiona yendo a por un rebote y ¿qué haces? ¿Te quitas de en medio?", denunció un Pablo Laso que no entendía los ataques a su base.

"Me da igual cómo le reciban y a él también le da igual. Es un jugador de baloncesto que intenta jugar al cien por cien por su equipo, igual que hacen los de Vitoria. Él sabe lo que es ser jugador del Madrid y jugamos en ambientes difíciles". Campazzo no defraudó.

El argentino, lejos de amedrentarse, siguió con su mismo perfil de juego. Y en una entrevista con *La Nación* defendió su estilo: "Ese tipo de comentarios realmente me entran por un oído y salen por el otro. Quizá soy un jugador que pone mucha intensidad en la defensa. Intento ser lo más legal y leal posible. Pero juego al máximo. Siempre hay jugadores que se van a enojar".

El 2021 deparó el más reciente de estos casos. Ricky Rubio fue el otro protagonista de la acción. Campazzo subió las pulsaciones de su defensa y el base español estuvo cerca de sufrir una torcedura. Las chispas saltaron al instante y ambos jugadores se encararon durante algunos segundos. El jugador de los Nuggets volvió a enfrentarse a los fantasmas del pasado. Y la prensa española equiparó esa acción con aquella histórica con Shengelia.

5.4 EL RUNRÚN DE LA NBA

Ya durante su etapa en Murcia, Campazzo despertó las campanas de la NBA. Según publicó La Opinión de Murcia, franquicias como Atlanta, Indiana Pacers, Oklahoma City Thunder y Detroit Pistons fueron algunas de las que empezaron a seguirle de cerca. Milwaukee Bucks tampoco se quiso perder de primera mano ese talento argentino que estaba despuntando en la Liga Endesa.

"Aquí ya vienen *scouts* de cinco o seis equipos. Me piden informes. Indiana y varios equipos. Ya lo tienen muy pillado", relata Gómez, GM del UCAM Murcia. Luego "se lleva una decepción cuando estoy en la liga de verano de Las Vegas, hablo con Pocius y me dice que existe posibilidad. Él se decepciona de que realmente no lo van a querer porque no hay nada en firme. Pero siempre diciéndome que es su sueño".

Los informes comenzaron en 2016. Tres años después, ya asentado en el Real Madrid, los rumores se transformaron en hechos. La presión NBA fue cada vez a más. Y pese a que el entorno más cercano de Campazzo conocía de ese sueño de dar el salto a la mejor liga de mundo, el base argentino acabó reforzando su vínculo con el Real Madrid.

Campazzo renovó con el conjunto merengue ese 2019. Lo hizo con un contrato multianual hasta 2024.

El club madridista blindaba a su jugador y este acababa con los rumores de una salida inminente a la NBA.

"Estoy tranquilo con ese tema", aseguró en *La Nación* ese mismo año. "Intento tener los pies sobre la tierra, ser profesional. Si mi techo me permite llegar a la NBA, se verá. Es un sueño, una fantasía que tengo de chico. Con mis amigos jugábamos a ser Jason Kidd, Steve Nash, teníamos *posters* pegados en la pared. Pero antes me obsesionaba y ahora no. Por algo renové por tres años con Real Madrid. Me quedan dos más".

Pero la idea de dar el salto seguía latente. "En el baloncesto pasa una cosa extraña. Cualquier jugador de fútbol, su sueño que puede reconocer o no, es jugar en el Real Madrid. Eso pasa en el fútbol y llegar al Real Madrid es el máximo objetivo de cualquier jugador del mundo. En el baloncesto la historia es distinta", describe Bonofiglio.

"En América el sueño es jugar en la NBA. En este deporte es la NBA. Jugar en el Real Madrid es un sueño cumplido, pero también está la NBA. Él lo manejó muy bien porque dijo cómo iba el tema de su negociación. Fueron pasos claros, comunicados e informados. Los pasos se cumplieron y aunque fue traumático perder a un jugador como Campazzo, no lo fue tanto. El equipo pudo salir adelante. El mensaje que dejó fue bueno, por eso hay mucha gente que sigue los pasos de Campazzo".

Alejandro Gómez, igualmente, también sabía de las intenciones de Facu. "Cuando quiere NBA, se le mete en la cabeza, pregunta a la gente que le quiere qué hacer. Mantenemos una relación mucho más estrecha. Justo antes de la pandemia".

En el caso de Campazzo la cosa no fue diferente a otros amantes del baloncesto. Él mismo detalló en *NBA.com* que a raíz del 2019 le surgió ese interés. "Tuvimos la suerte de hacerlo bien y cada jugador que estuvo mejoró y tuvo más oportunidades, es una vidriera muy grande", espetó sobre el Mundial de China en el que fueron subcampeones.

"En esa época dije: 'Tengo el bichito de la NBA todavía, quiero intentarlo aunque sea, no quiero retirarme el día de mañana y pensar que no lo intenté'. Dije que iba a hacer todo lo posible. Mi familia, que es lo primero para mí, me apoyaba, y de ahí fui para adelante". Todo hasta cerrar ese círculo en 2020.

Como dice Gómez: "Arriesgar tu futuro económico pagando una cláusula tan alta para cumplir tu sueño. Son capaces de jugársela y hacer lo que ha hecho para ir a la NBA. Es muy difícil encontrar a alguien con esa valentía".

5.5 UNA DESPEDIDA DE REY

La salida de Facundo Campazzo del Real Madrid se retrasó más de lo debido. Sin embargo, desde el verano de 2020 ya se tenía consciencia de que iba a abandonar el club merengue para poner rumbo a la NBA. La gran

incógnita era cuándo. Y más teniendo en cuenta la renovación que había realizado tiempo atrás para descartar esa salida o, como se pudo comprobar con el tiempo, para dejar una cláusula pagada en el caso de probar suerte en la mejor liga de mundo.

El argentino comenzó la temporada con el equipo blanco. Y ganó la Supercopa de septiembre para continuar con la tradición. Campazzo fue el mejor del Real Madrid con 21 puntos, cuatro rebotes y dos asistencias. Forzó, además, ocho faltas personales. Se marchó, más allá de con el trofeo de campeón, con 19 de valoración en algo más de media hora jugada en todo el partido. Una actuación bárbara.

Comprometido con el equipo, sería en noviembre cuando estallara todo su caso. El mercado NBA se abría y su entorno empezaba a dejar entrever que quería irse. El 19 de noviembre, en una entrevista para Radio La Red, su agente Claudio Villanueva acabó con la duda de los pocos que la tuvieran: "Facundo Campazzo va a jugar la próxima temporada en la NBA".

El agente del jugador, su mano derecha, explicó hasta las posibilidades que tenía de recalar en una franquicia o en otra. "Tiene más chances de ir a la Conferencia Oeste y no es de los humildes. Sería hipócrita de mi parte decir que no tuvimos conversaciones", explicó Villanueva tras semanas de especulaciones. "No pienso decir el equipo que está muy interesado en él. Hemos mantenido con tranquilidad el tema".

Como habían hecho el resto de la temporada, querían que la atención estuviera únicamente en la cancha. Al menos hasta que se hiciera oficial el fichaje. Era lo mejor para Facu, pero también para el Real Madrid y el resto de sus compañeros. Si esas declaraciones se produjeron el 19 de noviembre, menos de una semana después Campazzo jugó su último encuentro como madridista.

El base cumplió y dio toda una lección de profesionalidad jugando ante Manresa, en el WiZink Center. Y con una actuación muy propia de la NBA que le estaba esperando. El Real Madrid venció por un amplio 100-78. Campazzo se otorgó 20 puntos, cuatro rebotes y dos asistencias en menos de 25 minutos en pista. Un total de 28 créditos de valoración que le sirvieron para ser el mejor del Real Madrid y del partido. Tras su exhibición, el punto final como merengue estaba escrito.

Ese mismo 22 de noviembre, Campazzo se despidió de toda la afición con una emotiva carta en la que cerraba una etapa marcada por los éxitos. Concretamente por dos Euroligas, dos Copas del Rey, tres Liga Endesa y cuatro Supercopas de España.

"Llegó el momento. Hoy fue mi último partido en el Real Madrid y la verdad es que tengo una mezcla de sentimientos muy grande. Siento nostalgia desde hace ya varios días. En este club pasé momentos únicos, inolvidables, que marcaron mi carrera y mi vida. Ojalá nuestros caminos se vuelvan a encontrar en el futuro.

Me voy de España siendo una persona completamente distinta de la que llegó en 2014. Acá aprendí, maduré, comprendí el valor del trabajo, conocí lugares hermosos y gente increíble. Recibí afecto y contención en cada uno de los pasos que fui dando. Sería injusto no mencionar a la familia de UCAM Murcia: a su dirigencia, a su afición, a los amigos que me quedaron. También ocupan un lugar en mi corazón.

Se termina una etapa. De crecimiento y enseñanzas permanentes. Fui muy feliz en este país. Pero ahora debo cumplir mi sueño. Llevo una vida esperando concretarlo. Gracias por tanto", escribió tras ese duelo ante Manresa que supuso su fin en España.

Pablo Laso, su último entrenador en Europa, también tuvo palabras de agradecimiento. La noche, pese a la victoria, era algo agridulce porque algo cambiaba para siempre en este Real Madrid. "Ha sido capaz de crecerse siempre en los momentos malos y he sido muy exigente con él para que mejorase. Su entrada en el equipo fue muy positiva y su crecimiento también", recordó el entrenador vitoriano.

La resaca por la marcha de Campazzo duró días. "Perdemos un gran jugador. Eso está claro, pero la fuerza del equipo debe estar en el equipo y no en un único jugador", tuvo que explicar Pablo Laso poco después cuando le preguntaron por fichajes. "Se va un amigo y un compañero", espetó Fabien Causeur. "Te mereces todo lo mejor, amigo", le escribió Rudy Fernández. "Es uno de los nuestros y siempre lo será", compartió Llull. "Compañero brutal, deportista ejemplar, madridista especial", definió Felipe Reyes.

El Real Madrid esperó para despedirle hasta que la documentación oficial se certificara. Eso se produjo el 26 de noviembre, cuatro días después del triunfo ante Manresa que acabó siendo su última imagen con la camiseta merengue. Campazzo, cabe destacar, se desvinculó del club para poner rumbo a la NBA pagando los 6 millones de euros que fijaba su cláusula y con el Madrid manteniendo sus derechos en Europa. Es decir, su marcha a la mejor liga del mundo no fue cuestión de dinero, al menos a corto plazo. Fue única y exclusivamente por cumplir un sueño.

"El Real Madrid quiere mostrarle su agradecimiento y su cariño por su comportamiento ejemplar y su entrega durante todo el tiempo que ha defendido nuestra camiseta", indicó el club español en un comunicado oficial. Facu, por su parte, realizó entrevistas a medios como *Dazn* y escribió una nueva despedida donde agradecía el apoyo con nombres y apellidos. Además, no cerraba la puerta a un futuro regreso.

"Yo quiero volver. El día de mañana me gustaría volver pase lo que pase. No sabemos lo que puede pasar y quiero que el Madrid tenga mis derechos porque, si vuelvo, no me imagino jugando en un equipo que no sea el Madrid", expresó acerca del acuerdo contractual que se había alcanzado con el Real Madrid.

"Se ha quedado con mis derechos y para mí es un orgullo. Cuando llegó el momento de venir al Real Madrid no lo dudé ni un segundo. Al aficionado que se haya sentido ofendido, lo siento. No me gustan las despedidas. Me apoyaron siempre y me sentí en familia en este club", trasladó a todos los hinchas que pudieran estar dolidos por perder a su gran estrella en plena temporada. Eso, pese al sentimentalismo, ya estaba claro en las oficinas del Real Madrid desde hacía mucho tiempo. No fue una sorpresa.

"Me ha dado prácticamente todo. Me ha formado como la persona que soy ahora más allá del jugador y de los títulos. Me llevo amigos, compañeros, vivencias, experiencias, títulos, que al final es lo que hace grande a este club", remarcó sobre ese Real Madrid que le fichó en 2014 cuando había tocado techo con Peñarol Mar de Plata.

El base también quiso acordarse de una figura que, a la hora de gestionar el baloncesto, acostumbra a estar en la sombra. No es otra que la de Florentino Pérez, presidente del Real Madrid y culpable del resurgir de la sección. El máximo mandatario blanco invirtió, escogió a los encargados de resucitar el baloncesto madridista y apoyó el proyecto de Pablo Laso con fichajes como el del Facu.

El argentino, según reconoció él mismo, le llamaba "mi presi". "Me ayudó tanto todos estos años, confió tanto en el baloncesto y en mí, que le voy a estar eternamente agradecido. Me dejaba súper tranquilo tener la confianza de Florentino Pérez para jugar con tranquilidad y poder dejar todo por esta camiseta. Al final, cuando uno habla del Real Madrid habla de títulos, de ganar cosas importantes, pero cuando tienes ese apoyo del jefe es muy importante y te hace sentir feliz y tranquilo".

Y, cómo no, destacó la unidad por la que se viene caracterizando el vestuario merengue. Ese que, pese a evolucionar con salidas y fichajes, siempre ha mantenido un núcleo duro que ayuda a reforzar la estabilidad de puertas para dentro. Reyes, Llull o Rudy son algunos de los veteranos que vieron a ese Facundo Campazzo tímido y que, a la vez, también despidieron a una estrella del baloncesto FIBA.

"Más allá de los partidos y esas cosas, el día a día con mis compañeros", destacó sobre qué iba a echar de menos en Estados Unidos.

"Más que compañeros son amigos y me da mucha pena no poder estar en el día a día con ellos, en los viajes, en las comidas, en los hoteles, pasar tiempo con ellos, perder y ganar partidos con ellos. Eso es lo que voy a extrañar más y es lo que uno más disfruta día a día en un club como este. Lo voy a extrañar constantemente".

Muestra de esa unidad que se palpaba en el seno del Real Madrid fue la charla que mantuvieron Campazzo y Dino Radoncic cuando este abandonó el conjunto blanco. Radoncic, canterano merengue, coincidió con el

argentino en la temporada 2017/2018. El alero acabó buscando minutos fuera del Madrid. Y, como Campazzo, lejos de la capital también sufrió altibajos.

Por ello, el argentino quiso mandarle un mensaje de ánimo cuando menos se lo esperaba. "Cuando pasaba por los peores momentos en mi carrera, tú has estado. Nunca lo olvidaré, eres enorme", agradeció Radoncic. Él fue quien desveló, con pruebas incluidas, la conversación de WhatsApp que marcó su carrera.

"Quería hablarlo contigo hace tiempo. Tienes que relajarte. Y empieza a disfrutar. Trabajas de lo que te gusta, tienes un don. Disfrútalo. Por tu familia. Todo el mundo tiene malos momentos y no por eso vas a tirar la toalla. Es parte de nuestro trabajo. Pero ya está. Ponete a trabajar y busca tu mejor versión, hijo de puta. Y buscar tu mejor versión significa pasarla mal por momentos. Dale, tarado", le dijo una medianoche cualquiera a un Dino Radoncic que pasaba por una crisis común en cualquier deportista.

El joven montenegrino sentía la presión. Y Campazzo, pese a poder estar centrado en otros asuntos, se acordó de él. Dino Radoncic, por entonces con 21 años, había pasado por Burgos, UCAM Murcia, Tenerife, Zaragoza y Delteco GBC. Entre sus logros estaba el de haber ganado una Euroliga y una Liga Endesa con el primer equipo merengue.

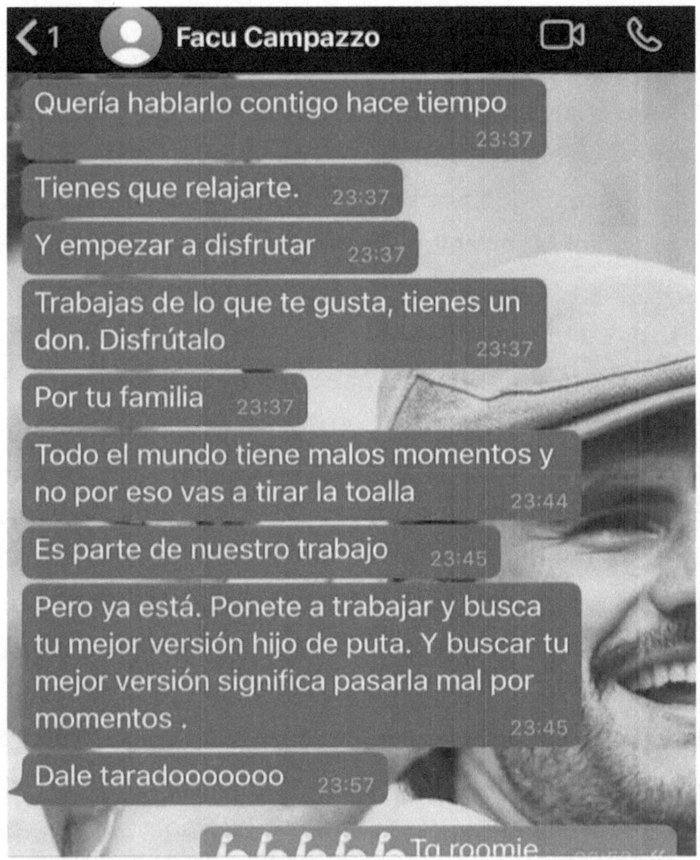

"Los que te vimos día tras día sabemos cómo lo has conseguido. Una dedicación, trabajo y esfuerzo que jamás he visto, pero ante todo una persona y un amigo de 10. Tengo el corazón lleno de felicidad por vos, mi *roomie*. Te quiero mucho, boludo", le deseó el joven alero montenegrino.

Campazzo ponía rumbo a Denver Nuggets. Y consciente de que "en cada gran cambio están siempre es-

tos temores, preguntas o dudas", como reconoció en una entrevista para *Infobae* donde confesaba tener las mismas ganas y motivación que a lo largo de toda su carrera. Lo hacía, además, con capacidad de decisión.

"Es verdad que también hubo interés de los Wolves y de los Knicks, pero elegí Denver porque es un equipo de *playoffs* y eso me sedujo mucho. También el hecho que sea un conjunto bastante 'europeo', en el sentido de que al entrenador le gusta ese juego y que sus dos líderes sean internacionales", espetó en el diario argentino.

Al fin y al cabo, cumplía el sueño que siempre tuvo. "Él decía siempre de su deseo de ir a la NBA. Se lo preguntaba cuando estábamos en confianza y no estaba saturado, porque tenía muchas entrevistas y en redes donde siempre le preguntaban. Siempre ha tenido muy claro que era su sueño, que era algo que quería hacer", reconoce Manu Marín, el preparador físico que tuvo en Murcia.

En 2016 "algunas veces algo se hablaba, se bromeaba con otros jugadores" sobre que podía ir a la NBA. "Era un punto divertido estar en la convivencia en los entrenamientos. Alguna vez intentábamos sacar alguna información como si fuéramos periodistas, pero en broma". Cuatro años después fue realidad.

CAPÍTULO 6

LA NBA: SUEÑO, RETO Y MIEDO

6.1 ROMPER EL MURO

El baloncesto argentino siempre ha tenido una relación idílica con la NBA. Y es que, como la mayoría de las selecciones más allá de la estadounidense, tener representación en la mejor liga del mundo es símbolo de orgullo. Sirve, aunque no en términos prácticos, como certificado de que en el país en cuestión se crea talento baloncestístico de forma constante. Y Argentina, con referentes en la competición como Nocioni, Ginóbili o Scola, entre otros, se sintió algo huérfana cuando Manu colgó las zapatillas.

La Albiceleste se quedaba sin jugadores en el Olimpo norteamericano cuando en agosto de 2018 Ginóbi-

li confirmaba su retirada definitiva. El escolta, tras 16 temporadas en la NBA y a los 41 años, ponía punto y final a una carrera resumida en una franquicia: San Antonio Spurs. Cuatro anillos de la NBA, un premio al Mejor Sexto Hombre y dos presencias en el All Star. Un currículum envidiable, histórico y difícil de repetir. Toda una gesta para generaciones futuras. Todo un reto para los nuevos talentos. Un objetivo y una presión para aquellos llamados a liderar el "nuevo básquet".

La retirada de Ginóbili dolía. Y para comprobarlo solo bastaba con analizar el mote de Manudona con el que se conoció durante mucho tiempo. Ponerte al mismo nivel de una figura determinante en el deporte y sociedad argentinas no era baladí. Trasladar la influencia de un fútbol hipermediático a un baloncesto habitualmente relegado a un segundo plano, tampoco.

Manu lo sabía. Él dijo adiós "con una gran mezcla de emociones". Retirarse era muy difícil. *Manudona* destacó su enorme gratitud para familiares y amigos. Para compañeros y aficionados. Para todos aquellos que fueron parte de su vida en 23 años de carrera. "Fue un viaje fabuloso que superó cualquier tipo de sueño", como él mismo reconoció en aquel 2018 que fue un punto y aparte para el baloncesto argentino en la NBA.

El sentimiento de orfandad para el país era mayor cuando se veía resentida su presencia en la mejor liga de baloncesto del mundo. Después de 16 años seguidos con jugadores nacionales en la NBA, Argentina se quedaba a cero. Y, teniendo en cuenta la reciente disolución de la Generación Dorada, era fácil abrir el debate de qué iba a ser de la Selección a partir de ese momento. ¿Qué jugadores liderarían? ¿Qué nombres ocuparían los profundos resquicios que quedaban? Y, muy importante, ¿Cuándo lo harían?

Argentina, que puso los primeros ladrillos de su rascacielos NBA en el 2000 con Pepe Sánchez y Rubén Wolkowyski, tenía que ponerse a construir de nuevo. Ginóbili, Delfino, Nocioni, Oberto, Herrmann, Scola, Prigioni, Laprovittola, Brussino y Garino tenían ahora que buscar un sucesor en la competición. Había nombres sobre la mesa. Faltaban contratos y confirmaciones oficiales.

Y es en ese escenario en el que emerge Facundo Campazzo. De ahí que su salto a la mejor liga del mundo haya supuesto tal terremoto en el baloncesto argentino. Es el prodigio, el abanderado, la firme apuesta del país para recuperar la NBA. Si el líder de la Selección no es capaz de cosechar éxitos, ¿quién conseguirá controlar los recuerdos de épocas anteriores? Casualidad o no, su decisión de cambiar de continente ha agitado la coctelera del interés.

Campazzo derrumbó el muro para que los soldados de la Albiceleste iniciaran la reconquista. Todos ellos con características comunes: el talento y la pasión. Campazzo estaría acompañado de Vildoza, Deck y Bolmaro durante un tiempo. El récord del 2007, con Ginó-

bili, Oberto, Herrmann, Nocioni, Delfino y Scola estaba y está lejos. Al menos de momento. Pero la primera pieza para el resurgir ya estaba puesta.

"Campazzo no es el prototipo de jugador argentino en cuanto a la talla. Lo interesante es cómo, a pesar de eso, logró convertirse en ese prototipo de jugador gracias a tener una cabeza súper dominante. El caso Campazzo se podría asemejar al caso Ginóbili en términos de lo que es la fortaleza mental de un deportista. No solo en términos de ganar, sino de superarse". Así lo cuenta Diego Morini, periodista de La Nación y autor del libro sobre Ginóbili, *Manu El Héroe*.

Morini conoce bien a Facu. Y también a Ginóbili. De ahí que, si alguien está en condiciones de hacer comparaciones entre ambas figuras, sea él. El periodista, experto en baloncesto, tuvo un encuentro con Campazzo donde pudo comprobar de primera mano cuáles eran los detonantes de esa estrella del deporte. Retar a Facu suponía darle la gasolina necesaria para hacer miles de kilómetros hacia su objetivo. Puede que esa sea la clave de ese bajito panzón que llegó a la NBA.

"Yo tuve una charla con Facu en la que le hacía diferentes preguntas y en un momento le vi un tatuaje con los botones de la PlayStation. Le pregunté si era su fanatismo por la *play*, pero en particular el tatuaje tenía que ver con un desafío. Consu —su pareja— le había dicho: 'No tienes huevos para hacértelo'. Él fue y se lo hizo".

A Campazzo le retaron con hacer mates cuando no llegaba, y lo logró. Le retaron con triunfar en Europa cuando decían que no valía. Y lo logró. Le dijeron que por su físico jamás llegaría a la NBA. Y lo logró. Un tatuaje, cuatro pinchazos de tinta, tampoco le iban a frenar. Menos aún si venía de una figura clave de su vida y carrera como Consu Vallina, su pareja y madre de su hija.

"En algún punto, en esa charla, me dijo que se volvía loco cuando le desafían. Eso es Campazzo. Se transforma para el argentino en un jugador con mucho carisma y muy querible, porque me parece que es una prueba pura y exclusivamente de lo que es la superación. Nadie creía que con la talla que tiene podía volcar un balón y en un entrenamiento lo hizo. Cuando llegó a España, nadie creía que podía jugar en el Madrid; volvió de Murcia, se lesionó Llull y se paró. Nadie se ha parado en la NBA, salvo LeBron y los grandes, pero Campazzo está demostrando que puede jugar en la NBA".

Morini, que ha conocido a muchas estrellas, tiene claro que es el tema del desafío el que mueve a Campazzo. Y eso, al fin y al cabo, hace que "al argentino lo identifique". Como relataba Tulo Rivero en los primeros capítulos de este libro, ese perfil de superación constante y de dificultades hace que Campazzo encaje en el rol de estrella argentina capaz de dar una lección de vida. "Esta cosa de que nunca nadie cree demasiado en nosotros —los argentinos— y acaba sucediendo. Es lo

que pasó con el seleccionador argentino, ser subcampeón del mundo cuando nadie lo esperaba".

Campazzo estuvo presente en aquella final con el entrenador que le había visto crecer y que le dio la oportunidad de darse a conocer en la élite de su país. De sorpresas sabe mucho y de sorprender también.

"Parecía que la NBA nos iba a quedar lejísimos después del retiro de Manu. Facundo la volvió a traer, a ponerla en el mapa. Para la Argentina, la NBA dejó de ser la NBA porque se retiró Manu. Facundo volvió a poner el mapa de la NBA. Él particularmente por ser el primero. Hay un reverdecer del básquetbol argentino en esos términos. Él fue el que hizo creer que aquello que se leía como un imposible, que se creía que no iba a haber una generación parecida a aquella, pues fue un error. Demostraron sobradamente que pueden competirle de igual a igual a cualquiera". Tras Facu, llegarían Leo Bolmaro, Gabriel Deck o Luca Vildoza.

6.2 DE ESTRELLA A DESCONOCIDO

El base argentino fichó por Denver Nuggets en noviembre de 2020. Lo hizo de forma organizada. Todos sabían que se iba a ir. Su marcha era un hecho del que nadie dudaba. Y esa personalidad que todos los que le conocen celebran y admiran volvió a quedar reflejada. Campazzo iba a marcharse a la NBA con la temporada ACB empezada y el Real Madrid lo sabía. Un cambio de plantilla siempre de agradecer para cualquier entrenador, compañero o director deportivo de un club que trastocó lo menos posible los planes del conjunto de la capital española.

El 21 de noviembre se hacía oficial su contrato por dos temporadas con Denver Nuggets con una ficha cercana a los 5 millones de dólares por campaña en la NBA. Campazzo empezaba una carrera completamente diferente. El argentino afrontaba otro reto. Y, además, abriría una puerta a otros compatriotas que se vieron con la fuerza suficiente de abandonar un puesto fijo en Europa por una incógnita en la NBA.

"Él desde hacía tiempo que estaba bajo la lupa de la NBA. Siempre hay una mirada desconfiada sobre los jugadores que están en Europa. Incluso Doncic y Jokic tuvieron que hacer un examen cuando desembarcaron. Nunca es fácil llegar a la NBA, pero sí creo que el haber corrido un poco el póster de la Generación Dorada y convertirse ellos en los chicos del póster, fue el trampolín ideal para que la NBA se convenciera de que estos tipos son para competir allí", relata Diego Morini sobre Campazzo y el resto de talentos que se atrevieron a probar suerte en la mejor liga del mundo de baloncesto.

"Pero, aun así, en el caso de Campazzo hay que pensar que cuando llegó a Denver hubo especialistas de la NBA que creían que no podría jugar por su talla. Es como que nunca le termina de alcanzar lo que hace y siempre

tiene que rendir un examen. Pero si no tuviera que rendir ese examen, quizá Campazzo no sería Campazzo".

Campazzo no contaba con nada a su favor. Pasaba de ser un base dominador en Europa a ser uno más en la NBA. De hecho, había serias dudas sobre cómo serían sus primeros pasos. Si tendría minutos, si lograría poner esa pizca de espectáculo igual que en Liga Endesa y Euroliga. Y, sobre todo, si conseguiría darle la seguridad suficiente a Michael Malone para que este le recompensara con minutos.

Por si fuera poco, el argentino no era un nombre conocido en la prensa estadounidense. Antoni Daimiel, el periodista español con más experiencia NBA, asegura que "como casi siempre que llega un jugador de fuera", Facundo Campazzo no era una figura a la que dar demasiado pábulo. Salvo periodistas muy interesados, el argentino no estaba en los análisis de los medios norteamericanos.

"Todavía tienen ese pequeño ramalazo de lo exótico. Incluso cuando hay un desembarco así tienen que especificar dónde jugaba, cómo y con qué aportación. Les suena más importante Euroliga que las ligas nacionales a la hora de ver minutos de juego o el nivel de lo que eran otros jugadores". Ni el hecho de haber jugado en el Real Madrid junto a nombres como Sergio Llull, tentado varios años por los Rockets, ni de haber sido compañero de Luka Doncic, liderando en Dallas Mavericks, le servía para ser popular.

Sin embargo, al poco que los medios comenzaron a interesarse, las buenas sensaciones brotaron. Especialmente en la comunidad de Denver Nuggets, donde vieron a Campazzo como un gran refuerzo de cara a la nueva temporada. "Creo que lo recibieron bien, con ilusión, porque pensaban que era un jugador que les podía aportar otra cosa. Creo que es una medida muy pensada por el GM y por el cuerpo técnico, y ahí Jordi Fernández seguro que tuvo mucho que ver", cuenta Antoni Daimiel.

Jordi Fernández es el entrenador ayudante de Malone en Denver Nuggets. Español, es una de las figuras que pasa desapercibida en la NBA, pero que tiene un papel fundamental. En 2019, reflejo de su importancia en la competición, se convirtió en el primer entrenador español en estar presente en el banquillo de un All Star de la NBA. A ese logro suma en su carrera el haber sido ayudante en los Cleveland Cavaliers, donde estaba LeBron James, o ser entrenador jefe de Denver Nuggets en la Summer League. Experiencia no le falta. Conocimientos, tampoco.

Como cuenta Daimiel, ese conocimiento del baloncesto europeo pudo servir de ayuda para que Campazzo recalara con mayor facilidad en Denver Nuggets. En una entrevista en diciembre de 2020 con el diario *As*, él mismo explicó que aunque Nikola Jokic sí sabía quién era Campazzo, otros compañeros lo desconocían por completo.

Apenas unos días después de sumarse, según explicó Jordi Fernández en esa misma entrevista con el periódico español, se ganó a todo el vestuario. La adaptación iba a ser el principal problema, pero la confianza en su profesionalidad daba la seguridad suficiente en que el proceso sería muy corto. "Para él venir a un equipo ganador, a uno con una cultura como la nuestra, era muy importante. Creo que no hemos podido hacer mejor elección", subrayó por entonces el asistente de los Nuggets.

También fue clave un nombre con vínculos madridistas. Parajódicamente, un jugador que conocía y mantiene cariño al Real Madrid fue quien facilitó su llegada a la NBA. Se trata de Martynas Pocius, exjugador lituano que pasó por el club merengue y que coincidió con Campazzo durante su etapa en Murcia.

El alero estuvo dos temporadas en el Real Madrid. Allí se ganó el respeto y la admiración de los aficionados. Era de los jugadores silenciosos, de los que aportaban más en defensa que en ataque. De esos a los que no se conocen polémicas y que acaban recibiendo cariño siempre que ponen un pie en territorio conocido. Tras su retirada, fichó por Denver Nuggets.

Pocius se convirtió en "ojeador" de la franquicia. Un arma más de Tim Conelly, General Manager de Denver y por quien pasan todos los movimientos. Él, que compartió equipo con Facu, no tenía dudas de su talento y puso en alerta a los Nuggets.

"Llevaba bastante tiempo en nuestro radar. Uno de nuestros ojeadores, Martynas Pocius, jugó con él en Murcia hace unos años. Probablemente haya sido el mejor, o de los dos mejores bases en Europa en los últimos tres o cuatro años. Ha tenido éxito tanto con el Real Madrid como con Argentina", comentó Tim Connelly en una rueda de prensa a la que accedió *Efe*.

Sin ir más lejos, David Carro, uno de los agentes de Campazzo, explicó al poco de su fichaje quiénes fueron los nombres propios de la operación en una entrevista para *UcU Web*. En esa lista, aparecen todos los citados anteriormente.

"Tiene muchos puntos de llegada Facu. De conexión, está Martynas Pocius, que compartió vestuario con él en el Murcia y fue muy importante en su llegada al equipo. Él habló con Tim Connelly, que es el GM, pero que es una persona cuya familia también viene de Europa, viene a ver la Euroliga, a conocer las diferentes ligas y países, con lo cual conoce a Facu".

De igual manera, el entrenador también participó. "Lo mismo con Jordi Fernández, asistente que conoce a Facu perfectamente y es amigo de Rudy Fernández. Muchas cosas que van a ayudar y que están ayudando a que la transición de Facu sea más amigable", indicó David Carro en diciembre de 2020 en dicha web.

Pese a ese apoyo, como recalca Antoni Daimiel, todo jugador que llega de Europa a la NBA tiene un problema: no ser conocido puede acabar afectando a su rol

en el equipo. "Buscando el marketing de promocionar a un jugador nuevo, puede que se busquen determinadas cualidades que explotar, lo cual muchas veces incide en que se acabe encasillando a un jugador. Por suerte, hoy en día no pasa lo que hace muchos años, que es que su propio entrenador y equipo le lleva a los efectos del encasillamiento".

Campazzo llegó a la NBA como un jugador "exhibicionista" que conjugaba puntos, defensa y asistencias mágicas. En Europa acostumbraba a protagonizar las jugadas más espectaculares de la jornada. ¡En Liga Endesa había ganado el premio a Jugador Más Espectacular! Y, contra esa imagen simplista y preconcebida, tenía que luchar.

"Todo lo que se habló de los pases espectaculares de Campazzo, allí se vendió como que era lo principal y todo el mundo en los primeros partidos esperaba algo así. Cuando empezó a hacerlo entró en los *highlights*, pero eso le pasa a la mayoría de jugadores FIBA que llega a la NBA. Eso tiene que ir en paralelo y separado de lo que es el análisis de su desembarco, de sus cualidades y de cómo se pueden combinar con la NBA de hoy en día, y analizar lo que está en su mano. El balance es bastante positivo".

Pese a ese balance positivo, las dificultades no quedaban ahí. Facundo Campazzo mide cerca de 1,81 metros de altura y pesa algo menos de 90 kilos. No es un anotador soberbio, ni un triplista infalible. Campazzo lo tiene todo y nada al mismo tiempo. Es, al fin y al cabo, un jugador difícil de comparar con alguien de la actualidad. Ni en la NBA ni en un Real Madrid que no ha podido encontrar a ningún jugador similar. Y, para colmo, llegó a la NBA con 29 años de edad. Un veterano que pocas veces tiene la oportunidad de enrolarse en la competición norteamericana.

"Es un perfil muy poco habitual en la NBA, hay muy pocos casos así. Sobre todo que se dejen ver y que triunfen. Recuerdo el caso de Sabonis, que llegó con cierta edad. Había tenido muchas lesiones, llevaba tiempo sin jugar. Cuando se va a la NBA es un *rookie* de 30 años". El pívot lituano tiene ahora a su hijo jugando la competición, pero su etapa en la liga estadounidense fue muy diferente.

Arvydas Sabonis fue elegido en 1985 en el Draft NBA por Atlanta Hawks. Sin embargo, la cuarta ronda que le otorgaron, dejó en el olvido a la selección. La NBA, por lo tanto, iba a tener que esperar para ver a un jugador que estaba conquistando todas las alturas en Europa.

Un año después, en 1986, fue elegido por Portland Trail Blazers. Por aquel entonces tenía apenas 22 años. Una edad mucho más común para cualquier jugador que quiere jugar en la NBA y más si salta desde Europa. Los problemas políticos de la URSS le impidieron irse a Estados Unidos y finalmente acabó quedándose en Europa. Sumado a los problemas de lesiones, Sabonis tuvo que conformarse con pasar por Zalgiris o Real Madrid,

entre otros. Todo para, con 31 años, irse en 1995 a la NBA. Esta vez sí.

Sabonis estuvo siete años en la NBA y protagonizó duelos históricos ante jugadores como Shaquille O'Neal. En 2003 dejó la NBA cuando tenía 39 años. Y en la actualidad, pese a llegar a la mejor liga del mundo pasado de años y con el problema de lesiones en el talón de Aquiles, figura como miembro del Hall of Fame desde 2011.

Este ejemplo es el que más le suena a Daimiel, que insiste en que los tiempos los determina la suerte. "A veces ha pasado con jugadores de EE.UU., que no tuvieron su momento, se fueron a Europa y regresaron a la NBA para ser más importantes. Como Antony Parker, que volvió a Toronto. Pero lo de Facu es más extraño, porque son jugadores a los que controlan menos. Hoy en día hay un mayor control de los jugadores, pero es un caso muy extraño".

El argentino "tiene cualidades muy adaptables a la NBA actual y luego tiene algunas limitaciones que también le perjudican. Se fue a un equipo muy competitivo, que había sido finalista de conferencia, por lo que es un equipo que le permite ganar muchos partidos en condiciones normales. Muchos jugadores que llegan de Europa no quieren irse a un equipo que pierda muchos partidos. Él priorizó irse a un buen equipo, pero era con mucha competencia".

Eso sí, siempre con una premisa: "No podemos olvidar los jugadores de decepción o fracaso que se han ido allí. Spanoulis, Djordevic, Jasikevicius. Jugadores top del baloncesto europeo que probaron y no salió bien. En cuanto le vieron entrenar allí —a Campazzo— unos días, ya sabían lo que puede dar. Yo creo que va a seguir trabajando para mejorar y no tiene por qué perder cuota —de minutos—".

Por el momento, nada más confirmarse el fichaje, ya hubo análisis que le desacreditaban. Algunas páginas especializadas le citaban como el jugador más bajito que iba a jugar sin haber salido de la NCAA. Otros usuarios habituales en los análisis NBA pusieron en duda su capacidad para triunfar, porque en Europa ya había mostrado sus debilidades. Incluso se intentó comparar su situación con la de un Shane Larkin que no llegó a hacerse con un hueco en la mejor liga del mundo.

El base nacionalizado turco, que se dio a conocer en España por su paso por Baskonia y en Europa por su liderazgo en Anadolu Efes, estuvo su última temporada en Estados Unidos jugando para Boston Celtics. Sin mucho brillo, acabó volviendo a la Euroliga. Y de ahí que las comparaciones con Facundo Campazzo fueran para desacreditar al argentino.

Tal fue la situación que hasta Larkin apareció en redes para defender a su compañero. "No es el mismo tipo que era hace años, así que no lo desacredites. Estará bien", defendió la estrella. "Él y Jokic serán muy

emocionantes", adelantó sobre la conexión con la que más se soñaba ver en los momentos previos a su debut.

6.3 LOS NUGGETS A LOS QUE LLEGÓ

Denver Nuggets firmó una temporada para enmarcar en la 2019/2020. El año de la Covid-19, el de la burbuja de Orlando que hizo historia en el baloncesto estadounidense, fue también el de la reafirmación de la franquicia como un equipo puntero. Los Nuggets de Malone fueron finalistas de conferencia y solo los Lakers lograron pararles los pies. Unos Lakers que, por cierto, acabaron como campeones de la NBA.

Los Nuggets se impusieron en la primera ronda de estos *playoffs* ante Utah Jazz por un ajustado 4-3. En segunda ronda se enfrentaron a unos Clippers que habían vencido a los Dallas Mavericks de Luka Doncic. De nuevo, el resultado global fue de 4-3. La sorpresa estaba más cerca. En la final de la conferencia oeste, los Lakers acabaron con el sueño de los Nuggets con un contundente 4-1 de balance de eliminatoria.

El resultado, pese a acabar con derrota, ya era de por sí positivo. Y en ese contexto llegó meses después Facundo Campazzo. Los Nuggets tenían en Nikola Jokic a su estrella y a una de las referencias de la NBA. El otro gran nombre era el de Jamal Murray, el base canadiense de 23 años que junto a Jokic debía formar una pareja

base en el juego de Malone. Por lo tanto, Campazzo no iba a ser titular por mucho empeño que pusiera.

"Los Nuggets tenían una plantilla profunda y jugadores de garantías en el 1 y 2. Eso podía ser un obstáculo importante, pero también avisé de que el carácter de Campazzo es fundamental, un paso imprescindible para triunfar rápido en la NBA. Esa valentía que él tiene, ese descaro y confianza en sí mismo, es clave para llegar a la NBA y cada obstáculo que surge, tanto en el juego como en la adaptación como persona, el carácter es fundamental", explica Antoni Daimiel.

Malone sabía lo que tenía entre manos. "He visto muchos de sus partidos en los últimos años, tanto con Real Madrid como con Argentina, donde ha tenido grandes éxitos junto a jugadores como Luis Scola, liderando al equipo. Lo que me gusta de Facu es que no puedes juzgarlo por su altura. Cuando lo ves por primera vez, probablemente lo subestimes, porque no va a ser el tipo más alto en la pista, ni el más fuerte. Pero su corazón es enorme. Juega con una tremenda cantidad de pasión y orgullo. Tiene gran dureza. Pienso que es un muy buen defensor. Es un defensor disruptivo", aseguraba el entrenador en declaraciones para *NBA.com*.

Las comparaciones con Jokic no faltaron en los primeros días de Campazzo en Denver. Malone incidió en ese potencial de asistencias de las dos figuras. "Hace jugadas que la mayoría de la gente no piensa, ni ve. Es como Nikola en ese sentido. Sin faltarle el respeto a

otros jugadores como Jamal, Monte, PJ y los otros bases. Pero con Nikola Jokic y Facundo Campazzo tenemos a dos de los mejores pasadores del mundo".

Nikola Jokic promedió en la 2019/2020 cerca de siete asistencias por partido. Jamal Murray se quedó en menos de cinco por encuentro. Monte Morris finalizó con 3,5. Y PJ (Dozier) firmó poco más de dos asistencias por duelo. Unos números que Facundo Campazzo aspiraba a mejorar y que por sus datos en Europa podía hacerlo.

El fichaje, que se daba por hecho desde hacía tiempo, se consumó en noviembre. Campazzo abandonó Madrid tras ganar a Manresa y puso rumbo a Estados Unidos. Por delante tenía un breve margen de tiempo para tener sus primeros entrenamientos con la franquicia de Denver y debutar con el equipo. Una preparación exprés que a él mismo le sorprendió. Pero los acontecimientos eran los que eran.

Malone ya había advertido al resto de jugadores: "Nuestros jugadores se van a tener que acostumbrar a jugar con él. Si no tienes la vista en el balón, te va a romper la nariz porque la bola te va a dar —por los pases—. Una vez que estén cómodos jugando con él, se van a dar cuenta de que es alguien que va a crear tiros abiertos. ¿A quién no le gusta jugar con alguien así?".

La primera aparición con los Nuggets llegó el 13 de diciembre en un partido de pretemporada. Campazzo gozó de la confianza de Malone durante 24 minutos ante Golden State Warriors. Teniendo en cuenta que llevaba menos de un mes en Estados Unidos, su aparición fue suficiente. Además, pese a acabar con derrota este amistoso, Campazzo se fue a los ocho puntos, tres asistencias, un robo y un rebote capturado.

El base reconoció ante la prensa que se sintió un poco nervioso. "Era el primer partido. Era algo muy grande y muy importante en lo personal". Por ello, el resultado se podía decir que era lo de menos. "En todo momento me sentí apoyado, me dieron confianza y tranquilidad para jugar. La química y la unión que tiene el equipo son muy buenas; lo queremos demostrar en cada partido", espetó tras su debut.

Algo quería que quedara claro: eran sus primeros pasos. "Tengo 29 años ahora y tengo experiencia, pero es una nueva liga para mí, un nuevo equipo". Campazzo recalcó desde un primer momento que el reto era adaptarse lo antes posible, aunque siempre dejando esa sensación de darlo todo en la cancha.

El entrenador, consciente del peso de su opinión en Campazzo, respaldó la actuación del argentino. La energía que dejó entrever el base "está en su ADN" y no sorprendía. "Sabe que no va a jugar una cantidad loca de minutos en cada partido, así que lo va a dar todo en la pista". Malone era claro y conciso.

El 24 de diciembre de 2020 Campazzo hizo historia. Jugó su primer partido oficial de la NBA. Lamentablemente lo hizo con derrota en la prórroga ante Sacramento por 122-124. El argentino apenas jugó ocho

minutos, anotó un triple sin fallo y cometió una falta personal. Pero era el principio de una temporada para el recuerdo de Facu y los suyos.

En total, según la estadística que recoge la NBA, disputó 65 de los 72 partidos que tiene la temporada regular. Y promedió 21 minutos, 6,1 puntos, 3,6 asistencias y algo más de dos rebotes por encuentro. Nikola Jokic fue el que más partidos disputó con un 72 de 72 posibles. El siguiente jugador con más presencias fue Facu. El tercero, Michael Porter, se quedó en 61 participaciones. Sin embargo, no todo fue un camino de rosas.

Campazzo comenzó contando con pocos minutos. Superar los diez en un mismo partido ya era todo un logro. Pero la temporada contaría con tres tramos diferentes en los que el argentino pasaría de ser un jugador de rotación a un hombre fundamental en el juego de Michael Malone y sus Denver Nuggets.

23 DICIEMBRE VS. SA-CRAMENTO (L)	8 minutos, 3 puntos
25 DICIEMBRE VS. CLI-PPERS (L)	3 minutos
28 DICIEMBRE VS. ROC-KETS (W)	5 minutos, 4 puntos
29 DICIEMBRE VS. SA-CRAMENTO (L)	13 minutos, 1 punto
1 ENERO VS. SUNS (L)	4 minutos

Primeros cinco partidos de Campazzo en la temporada 2020/2021

Los primeros cinco encuentros de la temporada finalizaron con Campazzo mostrando valores negativos. Los Nuggets tampoco ganaban y solo lograron imponerse en uno de esos encuentros. La racha, evidentemente, era negativa para todo el equipo. Pero habría tiempo de enmendarlo con Campazzo como protagonista.

La explosión del argentino llegó en el sexto partido de la temporada. Era 3 de enero de 2021. Los Nuggets se enfrentaban a Minnesota Timberwolves. Y Facu jugaría su mejor partido desde que llegara a la competición estadounidense. El que más minutos, el que más puntos, el que mejor balance. La racha negativa ponía su fin

y, además, los de Denver conseguían una nueva victoria en liga regular.

Campazzo hizo 15 puntos, un rebote y dos asistencias en 21 minutos de partido. Con él en cancha se consumó un balance positivo de 26 puntos. Además, el argentino encadenó varios encuentros donde disfrutó de más de diez minutos de juego y buenas actuaciones individuales. Era, paulatinamente, la consagración del Facu en la rotación de Michael Malone.

3 ENERO VS. MINNESO-TA (W)	15 puntos en 21 minutos
5 ENERO VS. MINNESO-TA (W)	11 puntos en 26 minutos
9 ENERO VS. PHILADEL-PHIA (W)	3 puntos en 17 minutos
10 ENERO VS. KNICKS (W)	5 puntos en 14 minutos
12 ENERO VS. NETS (L)	6 puntos en 11 minutos

La primera gran racha de Campazzo en los Nuggets

A mediados de febrero los minutos de Campazzo se multiplicaron. De esa media de más de 15 pasó a superar los 20 por partido y llegó a alcanzar los 40 minutos sobre la pista, como el 16 de febrero ante Boston Celtics. Desde la jornada previa ante Lakers y durante cinco partidos, el argentino encadenó más de 10 puntos por encuentro. Y todo pese a las tres derrotas de la franquicia de Denver.

Pero sería en el tramo final de la campaña cuando Campazzo tuvo más protagonismo. Como le pasó en Peñarol Mar de Plata con la retirada de Tato Rodríguez. Como le pasó en el Real Madrid con la lesión de larga duración de Sergio Llull. El guion de su carrera volvía a ser el mismo: esta vez con Jamal Murray y otros lesionados como actores. Las bajas del equipo le dieron mayor relevancia y Campazzo la aprovechó.

"A medio-largo plazo era optimista en cuanto a tener una carrera más que digna en la NBA, pero tenía mis reservas de la primera temporada por la competencia", reconoce Antoni Daimiel. "Las lesiones que ha habido también han sido de ayuda para él". Sin embargo, eso también indica el trabajo que hace Campazzo. "Ahí juega el azar, pero también el físico, la resistencia a las lesiones. En Denver, Jokic ha jugado todos los partidos y le ha valido para ser MVP. Campazzo lo ha jugado casi todo".

La lesión de Jamal Murray se confirmó el 13 de abril de 2021. El base, esa gran estrella que iba a ser uno de los puntales del equipo en la nueva temporada, ya se había perdido varios encuentros. Pero fue ante Golde State Warriors cuando se confirmaron los peores pronósticos. Murray buscó la canasta y en un mal apoyo dijo adiós al baloncesto durante algunos meses. Los dolores de rodilla eran evidentes y por la zona de las

molestias no tardaron en saltar las alarmas. Todo apuntaba a una baja de larga duración salvo sorpresa. Una sorpresa que, lamentablemente, no llegó a producirse.

Horas después de ese gesto, los Nuggets emitían el esperado parte médico. "El escolta de los Nuggets, Jamal Murray, ha sido diagnosticado con un desgarro del ligamento cruzado anterior de la rodilla izquierda. Estará fuera indefinidamente". Campazzo, por lo tanto, ganaba un puesto en la franquicia de Denver. La oportunidad era mayor, pero la presión también.

Facundo Campazzo pasó de los 20 minutos de media habituales en las semanas previas a los más de 30. Lo esperado. El argentino seguía anotando rozando los dobles dígitos, pero lo más importante es que ahora sí daba más juego a sus compañeros. El base estableció su mejor marca de asistencias en la temporada regular con 13 pases ante los Houston Rockets. Y hasta en cuatro partidos dio ocho o más asistencias.

Los números del ex del Real Madrid mejoraron considerablemente y su aportación fue clave para que Denver tuviera *playoffs* un año más. Sería sin Jamal Murray, pero con un Facundo Campazzo que estaba acallando las críticas del inicio de campaña.

Los Nuggets cayeron eliminados en semifinales de conferencia ante Phoenix Suns. Pero durante ese tiempo hubo oportunidades suficientes para que Campazzo se luciera. En los 10 partidos disputados en todos los *playoffs*, el base jugó más de 30 minutos en cuatro ocasiones. Y menos de 20 minutos solo en un partido de toda la fase. Igualmente, en el apartado de anotación estuvo por encima de la barrera de los 10 tantos en seis ocasiones. Las asistencias se situaron en el tope de ocho y el argentino hasta se dejó ver en el rebote fijando su tope durante los *playoffs* en esa misma cifra. Casualidad, Facu cuajó esos datos en el encuentro ante Portland Trail Blazers: 11 puntos, ocho rebotes y ocho asistencias en 32 minutos de juego.

La primera temporada estaba cerrada. Campazzo finalizó con buenos números y sus Nuggets con una buena actuación, pese a los contratiempos.

LIGA REGULAR (65 PARTIDOS)	21,9 minutos, 6,1 puntos, 3,6 asistencias, 2,1 rebotes
PLAYOFFS (10 PARTIDOS)	27 minutos, 9,3 puntos, 4,1 asistencias y 3 rebotes

"Él ya tiene un nombre en la NBA, todo el mundo le conoce, los rivales le conocen", asegura Daimiel sobre ese primer curso de Campazzo. "A veces, desde el jugador estadounidense, hay un paradigma y un tópico hacia el jugador que viene de fuera. Casi siempre piensan que el que viene es más blando, más fino, un jugador que se ha forjado menos en la dureza del baloncesto. Y Campazzo es todo lo contrario y se han dado cuenta enseguida".

El argentino no lo tuvo fácil. "Es una Liga totalmente diferente. Hace cuatro meses atrás estaba jugando con

otro equipo, en otra liga y en otro país, y de un día para el otro fue un cambio grande. Sabía a lo que venía, sabía más o menos cuál iba a ser mi rol y sabía que iba a llevar su proceso", llegó a reconocer tras dos meses en la NBA.

El base de 1,80 tenía que enfrentarse a prodigios del baloncesto. "A veces te dejan jugar un poco más físico y otras no, por eso lo importante cuando defiendes a los *cracks* como Lillard, Curry, Westbrook, Durant, LeBron o el que sea; es siempre mostrar tus manos, porque son buenos sacando faltas; son muy inteligentes". Eso, como indicó el propio Facu, era algo nuevo en su carrera a lo que seguía intentando acostumbrarse.

Si además de por las asistencias se había caracterizado por su gran defensa, ahora tenía que readaptar esta cualidad al juego NBA: "Tienes jugadores mucho más atléticos que te llegan en medio segundo; eso hay que tenerlo en cuenta. Dicen que aquí no se defiende, pero se defiende mucho".

Esa tensión a la hora de frenar a sus rivales le llevó a más de un cara a cara con grandes nombres. John Wall situó a Campazzo entre los jugadores con mayor competitividad. "Es como la peste, disfruta ese estilo de juego", reconoció con cierto humor. Mucho más duro fue Paul George, que tras un pique con el base argentino intentó desprestigiar su agilidad defensiva: "Jugadores como él tienen que buscar una manera para poder tener impacto, para dejar una huella en el juego".

Sin embargo, lejos de generarle una mala imagen, "peleas" como esta ayudaron a su perfil NBA. "El que haya tenido algún problema contra un rival, porque se pone muy pesado en defensa o ha sido duro, eso le lleva al respeto de toda la liga y de los rivales", explica Antoni Daimiel. El ejemplo perfecto fue que Campazzo entró en el Rising Star 2021. Una convocatoria histórica que, pese a la ilusión, no pudo disputar dado que el encuentro acabó siendo suspendido por las medidas contra el coronavirus.

La gran duda, entonces, es qué haría en su segunda temporada. Si seguiría en Nuggets, si sería traspasado o incluso si optaría por regresar a Europa. Las metas, como reconoce Daimiel, tienen que ser realistas. "Mientras no tenga lesiones, puede seguir los años que quiera en la NBA, aunque no lo veo siendo un jugador All Star. No porque haya llegado a la edad que ha llegado, sino por unas limitaciones que ni su voluntad puede luchar contra eso".

6.4 UNA LLAMADA A LA CONQUISTA

El fichaje de Facundo Campazzo por Denver Nuggets se concretó en noviembre de 2020, pero desde hacía meses se daba por hecho ese cambio de Madrid por la NBA. Su incorporación a la franquicia supuso la vuelta de Argentina a la mejor liga de baloncesto del planeta

y también el impulso a otros muchos jugadores que dudaban de aceptar alguna propuesta, por mínima e irregular que fuera, de jugar en Estados Unidos.

En definitiva, Campazzo dio el aliento a todos aquellos que protagonizaban rumores y que no terminaban de dar un paso al frente. Y es que, como se ha repetido hasta la saciedad, perder un puesto de estrella en Europa por un rol secundario —y puede que hasta anecdótico en la NBA— no es una decisión fácil. Campazzo se atrevió y, tras él, muchos más.

El primero en dar el salto tras Campazzo fue Leandro Bolmbaro. El base (2000) fue elegido en el puesto 23 del Draft NBA 2020. Sin embargo, optó por quedarse en el FC Barcelona una temporada más para seguir asentándose en la élite. "He decidido quedarme en el Barça después de haber hablado con mi agente, el Barcelona y mi familia. Querría decirles que este va a ser un gran año".

Bolmaro retrasó su llegada y, por ende, no daría el paso hasta después de que Campazzo hubiera disfrutado ya de un año en la competición. El jugador se quedó en el Barça, ganó la Copa del Rey y la Liga Endesa con los de Sarunas Jasikevicius y acabó pagando su cláusula en el verano del 2021.

A lo largo de ese año en Europa, Bolmaro promedió 6,7 puntos, 1,5 rebotes, 1,9 asistencias y 7,2 de valoración en 16 minutos por partido de Liga Endesa. En Euroliga, el argentino destelló menos y no superó los tres puntos por encuentro disputado. Pese a ello, le bastó para pagar su cláusula en agosto y firmar con Minnesota Timberwolves.

Bolmaro no sería el único que aprovechase el empujón de Facundo Campazzo. Un compañero suyo en el Real Madrid fue el siguiente en dar el salto. Gabriel Deck, que estaba siendo fundamental en el equipo de Pablo Laso, abandonó el conjunto merengue en el mes de abril.

La salida de Deck pilló a todos por sorpresa. Se había hablado en numerosas ocasiones de la presión NBA. Rumores que, hasta el momento, habían quedado en eso: rumores.

"Sí. Tengo que reconocer que sí. Me han llamado, me han preguntado y he expresado mi opinión. No digo equipos porque hay una privacidad. Pero varios equipos me han preguntado por Deck. Es una mala noticia para la gente del Real Madrid, sobre todo porque se achica el arsenal argentino dentro del equipo. No quiere decir que pase este año, pero hay interés al otro lado del charco", indicó en una entrevista para *El Español-El Bernabéu* en el mes de diciembre de 2020.

A la par, las noticias sobre una renovación con el Real Madrid empezaron a surgir. La Copa del Rey de febrero estuvo marcada por esa posibilidad. Pero todo quedó en nada y una madrugada de abril saltó la noticia. La adelantó el periodista español Chema de Lucas, que tras un partido de Euroliga informó que Deck iba a coger un vuelo lo antes posible para firmar por Oklahoma City

Thunder. La información no sentó bien en la afición del Real Madrid, que perdió a uno de sus jugadores más en forma en plena temporada y a pocos días de enfrentarse al Barça.

Deck se despidió de los aficionados: "Me llevo los mejores recuerdos. Ahora me espera otro desafío, para mi vida y mi carrera. Cuando era chico y jugaba con mi hermano Joaquín, soñaba con la NBA. Era algo muy lejano. Hoy voy a tener la posibilidad de estar ahí".

El alero firmó un contrato de 14,5 millones en cuatro temporadas, pero solo con un primer año asegurado. Finalmente, tras jugar 17 partidos desde su salto a la NBA, regresó al Real Madrid este 2022 confirmando el fracaso de su salto a Estados Unidos. El destino no fue el mismo que el de Campazzo.

Por último, el atrevimiento del Facu también sirvió a otro nombre como Luca Vildoza. Y, de nuevo, afectando al baloncesto español por las pérdidas que suponían esos fichajes para la Liga Endesa. El jugador de Baskonia llevaba protagonizando rumores sobre la NBA varios meses. Sería en mayo cuando cogiera forma su contrato con New York Knicks. Pagó su cláusula, firmó un contrato idéntico al de Deck y se embarcó en la aventura.

Vildoza no llegó a debutar y los problemas físicos complicaron su salto. Tanto que los Knicks decidieron cortarle meses después y Vildoza optó por pasar por quirófano. Su sueño sigue intacto, pero el golpe de realidad fue doloroso. "Quiero volver a la NBA, eso está claro. Me quiero sacar esa espina. Al final, cuando estás en la mejor liga del mundo, da igual las preferencias; disfrutas de jugar al baloncesto", aseguró en *Radio UcU Web*.

El salto de Campazzo, por lo tanto, puso de moda el acento argentino en la NBA. Sin embargo, dos de los cuatro casos no tuvieron el impacto que se preveía. Mientras tanto, Campazzo supo lidiar con ese cóctel de rumores sobre la marcha de los argentinos y la suya propia en busca de un sitio fijo en Denver Nuggets.

El base preparó concienzudamente su salto a la NBA. Lo pactó con el Real Madrid, se aseguró de sus opciones en Denver Nuggets y adaptó su estilo al juego de la franquicia. Ganándose a Malone, a la prensa estadounidense y a sus compañeros, Campazzo logró cumplir sus dos años de contrato firmados, pese a las dudas que se vertieron tanto en Estados Unidos como en la Europa que le vio consagrarse como estrella.

6.5 EL FANTASMA DEL MADRID

La segunda temporada de Facundo Campazzo con Denver Nuggets comenzó con dudas. Lo primero era certificar si iba a cumplir contrato en la misma franquicia. Y despejada esa incógnita, ya habría tiempo para ponerse a hablar de los minutos y el rol que iba a tener. Todo ello siempre con la presión de un posible fracaso

en la NBA que le obligara a regresar a Europa y al Real Madrid.

La temporada 2021/2022 es la última con contrato de Campazzo. Ya no hay proceso de adaptación de por medio. O triunfa o se queda sin equipo. "Me pongo en la cabeza que tengo que hacer las cosas lo mejor que pueda dentro de lo que esté al alcance de mis manos", aseguró el mismo Facu en una columna para el diario argentino de *La Nación*.

"Me juega en la cabeza que sea mi último año de contrato, pero lo uso como algo positivo. Y si juego por demostrar, no creo que me salgan bien las cosas". Campazzo, acostumbrado a moverse en ambientes de presión constante, inició el curso quitándose ese peso de encima.

Un *harakiri* necesario para conseguir lo que el resto de sus compatriotas no habían conseguido: asentarse en la NBA. Y es que, como él mismo aseguró ante la prensa, tener de nuevo mayor representación de jugadores argentinos en la NBA supone un plus de entusiasmo de entrenar y trabajar mejor con sus respectivas franquicias.

Su objetivo era mejorar su acierto en el triple, que la primera temporada acabó ligeramente por encima del 35 %. Sin Jamal Murray, de baja hasta bien entrado 2022, sería más sencillo contar con minutos. Sin Michael Porter Jr., también lesionado desde finales de

2021, tendría mayor peso ofensivo. El combo de casualidades le favorecía.

Sin embargo, el inicio del Facu en la 2021/2022 fue de más a menos. Comenzó rondando los 20 minutos de juego por partido y fue cayendo hasta los 14 en noviembre. El argentino lo pasó mal y, coincidiendo con ese bajón, aparecieron los rumores de su vuelta a Europa. La montaña rusa del jugador no era fácil de abordar. Facu gozaba de 22 minutos en noviembre y cuatro días después se quedaba solo en 8.

Ese fue el momento de máxima debilidad en cuanto a presencia en el equipo. Desde entonces, Facundo regresó al pasado y encadenó esa racha de más de 20 minutos por encuentro. Pese a ello, la llegada de enero volvió a hacerle vivir ese rol secundario y el mal dato desde el triple (por debajo del 33 % de acierto) le hicieron fracasar en su objetivo de pretemporada.

Ante la adversidad, seguridad. Y su entorno, con su agente español David Carro como portavoz, cerró la puerta a un regreso anticipado a Europa. "Con Claudio Villanueva —su otro agente— al frente y en representación de Octagon, aseveramos firmemente ante la rumorología sin sentido que el futuro de Facundo Campazzo está ligado a la NBA para continuar cumpliendo el sueño por el que tanto ha luchado y donde es feliz". Al menos durante 2022.

Campazzo se enfrentó a polémicas como la que tuvo con Ricky Rubio, donde una mala defensa estuvo cerca

de causarle una dura lesión al base español. También a quedarse fuera del fin de semana del All Star tras la pseudoparticipación del 2021. En conclusión, a un momento de dificultad al que ya se acostumbró desde que puso un pie en la NBA.

Como cuenta Diego Morini, "es como cíclico". "Es el desafío. Sin ese desafío, Campazzo no podría competir. Si no tuviera esa zanahoria, ¿cómo Campazzo sería Campazzo? No existiría ese competidor que es".

CAPÍTULO 7

FACU EN LA INTIMIDAD

Hay numerosas formas de conocer a alguien. Una es por su familia. Otra es por su infancia. Otra por los comentarios que genera entre los que le conocen de primera mano. Pero, en todas ellas, está el término común del relato. Ese que ayuda a formar la historia de cada uno y que se basa en pequeñas anécdotas que surgen de manera imprevista. Una magnífica casualidad que retrata a sus protagonistas. En el caso de Facundo Campazzo, para bien. Una serie de minihistorias de ficción candidatas a resumir la figura del base.

Fernando "Tulo" Rivero, segundo entrenador de Peñarol Mar de Plata y primero en la última temporada de Facundo Campazzo en el equipo argentino, conoce bien de cerca a Campazzo. Por ello, fue testigo de los

momentos de superación del base. Ahí se empezó a ver que podía afrontar todo reto que se pusiera en el horizonte.

El técnico comprobó cómo Campazzo superó los comentarios que le decían que algo era imposible. A base de entrenamiento, acabó siendo como el resto. Un ejemplo de esa superación que siempre le ha acompañado y que ha sido clave en su carrera deportiva.

"En una temporada, él era el primer base y todos la volcaban en los entrenamientos. De los 12, 11 la volcaban. No hay peor cosa a Facu que desafiarlo. Se comió una gastada de todo, estaba recaliente. Se fue a entrenar con el profe, al gimnasio... Pasó un tiempo, entrenamiento y en un momento la vuelca. Y le dice a los compañeros: '¿Y ahora?' ¡Nah!, acá la vuelca cualquiera, en un partido la tienes que volcar. En un partido, en cancha nuestra, roba una bola y se va al aro contrario, la vuelca, se da la vuelta y viene caminando con los brazos abiertos. Ese es el Facu".

También vivió esa misma sensación Manu Marín, preparador físico del UCAM Murcia y persona muy cercana al Facundo Campazzo que cambió radicalmente su físico. Manu vio esa faceta de persona normal, pero también la de jugador que cuando se obsesiona con algo no puede parar hasta conseguir su objetivo. Aunque sea una broma. Aunque sea un momento instantáneo.

"De las que más me gustaban era cuando alguna vez el jefe de prensa nuestro estaba grabando algún vídeo para redes sociales y él se ponía a tirar desde el centro del campo. Siempre hacía la misma: grabar y decir 'a la primera'. Si fallaba, hacía la misma y decía la misma frase. Él hacía siempre la misma. Podía estar tirando diez veces hasta que la metiera, pero quería que saliese que era la primera".

O Javier Rodríguez, director de *Planetacb* y persona siempre presente en los entrenamientos del Real Madrid. Por poner en contexto, estas sesiones se abren durante un breve período de tiempo a la prensa. Y, a diferencia de lo que sucede en el fútbol, periodistas y cámaras están a apenas unos metros de los jugadores. Escuchan sus conversaciones, sus bromas con el cuerpo técnico y ven hasta sus gestos más ínfimos que para cualquiera podrían pasar desapercibidos. Un ambiente que permite sentirse al "extranjero" como uno más de la plantilla de Pablo Laso.

En una de esas jornadas, el entrenamiento del Real Madrid contó con la visita de Alberto Herreros, peso pesado de la sección merengue. Y, pese a la jerarquía, Campazzo se llegó a molestar por no poder entrenar como tenía planificado desde el inicio.

"En esas sesiones interminables de triples que hacía con Paco Redondo, en las que trabajaba a ver cuántas metía seguidas, en un momento del ejercicio llegó Alberto Herreros y 'distrajo' momentáneamente a Paco. Eso obligó a que Facu tuviera que interrumpir el ejercicio y su cara era realmente un poema hasta que pudo

reiniciarlo. No le dijo nada a Redondo ni a Herreros, pero dejó bien claro lo que le había fastidiado. Eso muestra cómo era su exigencia consigo mismo y con los que trabajan con él".

Pero esos momentos no eran los únicos de "intimidad". "En el gimnasio, de hacer locuras, terminar la temporada y venir conmigo a hacer *crossfit*. El primer día que vino lo hizo todo e incluso mejor que yo, movimientos que a mí no me salían y a él sí. Tenía un punto de pique de querer competir, incluso conmigo. Intentaba ganarme y en algunas cosas me ganaba. Un verano se fue a trabajar con Scola y salía haciendo una cargada y me lo enviaba para picarme".

Pero la superación no es la única característica del argentino. El miedo también se ha adueñado de él en más de una ocasión. Y el ejemplo perfecto lo vivió Nemanja Radovic, jugador del UCAM Murcia, cuando Campazzo se subió a un avión para ir a jugar a San Petersburgo. Las turbulencias hicieron que entrara en pánico. Y su amigo de vestuario fue "víctima" de esa tensión.

"Estábamos jugando en la Eurocup, íbamos en el avión para San Petesburgo. Recuerdo que cuando ya íbamos en el avión empezaron turbulencias por una tormenta. En ese momento no tenía mucho miedo por los aviones, ahora sí lo tengo. Pero Facu se puso tan nervioso, que yo estaba llorando de risa. 'Nema, vamos a morir'. Me cogió de la mano media hora y no paraba. Acabamos bien, pero siempre me acuerdo de eso".

Campazzo pasaba de jugador intenso en vestuarios, a miedoso en un avión y guerrero en una cancha. Bien lo sabe Alejandro Gómez, dirigente del UCAM Murcia y uno de los que mejor le conocen. A él no se le borrará nunca la imagen del argentino peleando con un portento físico como Timma. Pese a sus más de dos metros de altura frente a los escasos 1,80 de Campazzo, el base llegó a retarle en el cuerpo a cuerpo.

"Partido amistoso contra el Zenit. Se complicó en dureza. Timma era un jugador con una fuerza increíble. Hubo un momento en el que hay una pelea. Cuando se pelean todos los jugadores, él acaba en esa confrontación retándose con Timma. No se achica para nada. Me vino a la cabeza cuando vi *Rocky 4*. No se acojona para nada. No se siente inferior a nadie. Luego acabó el partido y es muy noble: se disculpa y pide perdón. Juega duro con nobleza, sin hacer daño a nadie. No es un jugador como yo he visto en la liga que son duros y amenazan".

Campazzo es natural hasta con la prensa. Y eso que cada vez la barrera entre periodistas y jugadores parece ser mayor. Desconfianza, temor al error, miedo a alguna trampa. Un escenario que el argentino no vive cuando se mezcla con alguien del gremio. Diego Morini lo sabe. Y lo sabe porque lo ha vivido.

"La última vez que estábamos en China, estábamos en el hotel y me dio muchísima gracia que yo le hacía algunas preguntas y él se distraía. En un momento paró

y me dijo: 'Pará. Pará. Vamos de vuelta. Porque estoy impresionado, no puedo creer lo que hay en este hotel'. En ese hotel había en el centro una columna, una especie de una columna, que era una pecera toda de cristal y con peces de todos los colores que se te ocurran y las especies que no conoces. Y él estaba impactado con eso. Estaba perdido como un nene y creo que al día siguiente jugaba contra Serbia".

El base se distraía como un niño. Pero en otras ocasiones era todo un hombre que hacía feliz a cualquiera con un simple mensaje. No todo el mundo puede hablar con un jugador NBA que es doble campeón de Europa con el Real Madrid.

"Me sorprendió muchísimo que, un día, yo tengo una camiseta suya de la selección y para Navidad le mandé una foto. Se lo mandé como de broma. Y al rato me contestó el mensaje diciéndome que estaba contento de que tuviera su remera con un mensajito de un 'vamos'. Tiene esos gestos. Es un tipo muy cercano, muy profesional. Podríamos ser cualquiera de nosotros, pero no lo somos. Tiene esas cosas. Cualquiera de nosotros podríamos ser él, pero ninguno tenemos la capacidad de ser él. Eso le hace un personaje más fascinante".

Todas estas pequeñas historias muestran a un Campazzo maduro, pero con la inocencia del más joven. A un Campazzo constante en el trabajo, pero humilde en las ocasiones necesarias. Y, en un encuentro que tuvo con

Pedro Bonofiglio antes de llegar al Real Madrid, demostró que tenía que prepararse mucho para el estrellato.

"Tengo una anécdota personal y no tiene nada que ver con España sino con Argentina", relata el *speaker* del Real Madrid de baloncesto. "En 2014 estaba paseando por mi ciudad en Argentina. En San Nicolás, había una clínica de baloncesto dirigida por un entrenador muy conocido allí. El que le llevaba prensa es amigo mío, el Gallego Pérez. Me ve a mí tomando algo y me dice: 'Pedro, ven que te quiero presentar que veas a Campazzo como *speaker* del Real Madrid. No lo va a poder creer que el *speaker* del Real Madrid esté aquí'. El tipo no se creía que alguien del Real Madrid estuviera en San Nicolás. Al principio no se lo creía, pensaba que era una broma. Cuando en Madrid me vio presentando al equipo, ya cayó".

CAPÍTULO 8

CAMPAZZO DESDE FUERA

Los que le conocen definen a Facundo Campazzo como jugador y amigo. Como persona y héroe. Como mortal y Dios del baloncesto con el que empezó cuando todavía era un crío. Como un tipo normal al que la fama no cambió. Ni tampoco la distancia que se abrió entre él y sus queridos cuando dejó Argentina por España.

Facundo Campazzo tiene numerosas definiciones, pero si hubiera un diccionario sería imposible de simplificar las palabras que le identifican. Todas ellas, eso sí, partirían de la cercanía, la lealtad y el reconocimiento a aquel que le ayudó lo más mínimo durante su extensa carrera deportiva.

El argentino es un gigante como persona y como jugador, pese a los centímetros que siempre le han limita-

do. Un hombre normal, pese a estar tocado por la varita del baloncesto. Un tipo cercano, pese a la magnitud que puede generar estar codeándose con los mejores jugadores del planeta.

"No tiene límite. Supera todo límite que le pongan. Su mentalidad es superadora. Es lo que lo hace diferente. No pierde su esencia, su alegría, a la hora de jugar. Y no todos pueden hacer eso en un nivel tan alto de exigencia. Él sigue jugando como si fuese su club de básquet y es lo que uno admira".
(Fernando Rivero)

"Un grande con todas las letras. Un grande chiquito. Es corto de altura, pero grande en lo que hace. Se va a transformar en uno de los mejores deportistas de la historia de Argentina porque tiene esa personalidad y lo puede hacer. Es una excelente persona, con un corazón gigantesco. Sigue siendo un Facu chiquitito, no va a ser nunca Facundo por más que sea padre o marido. Será el que conocí cuando tenía 17 años en Peñarol. Un papá chico. Un hermano en el corazón".
(Leo Gutiérrez)

"La alegría de vivir. Ese es el resumen. Todo lo que él hace lo transforma. Es un chico iluminado. Tiene un brillo especial en los ojos y no hay que buscarlo en otro lado: miren los ojos de su madre y ahí van a encontrar el fuego interior que hace tan importante a Facu".
(Ale Amoedo)

"El jugador con el corazón más grande".
(Alejandro Gómez)

"Es el jugador más cabezón que he conocido. El jugador que siempre ha querido demostrar su potencial y que ha trabajado más por ello. Pero, fuera del baloncesto, un gran amigo y alguien que cuida de verdad a los que están a su alrededor y te deja huella, tanto a nivel de baloncesto al verle jugar como en persona".
(Manu Marín)

"Siempre ha tenido esa mentalidad de ganador. El reto de la altura se lo toma muy personal y desde eso empezó todo. Quiso enseñar que podía ser un jugador muy bueno, que podía llegar al Real Madrid, que podía llegar a la NBA. Es una de sus claves. Facu es un ganador. Con eso se define Facu".
(Nemanja Radovic)

"Es un tipo muy cercano, muy profesional. Podríamos ser cualquiera de nosotros, pero no lo somos. Tiene esas cosas. Cualquiera de nosotros podríamos ser él, pero ninguno tenemos la capacidad de ser él. Eso le hace un personaje más fascinante".
(Diego Morini)

"Un tipo con muchísimo talento para jugar a esto, que supo que con el talento no le alcanzaba. Que ha tenido que luchar, que sudar, que esforzarse y cambiar cuestiones personales para cumplir sus objetivos. Lo ha logrado y su carácter ha hecho que muchos compañeros de trabajo sean amigos. El trato con la gente, con sus compañeros, con el cuerpo técnico, hace que Facundo haya cumplido todos sus objetivos como jugador y creo que no ha alcanzado lo máximo de su carrera".
(Pedro Bonofiglio)

"El deportista que se dio cuenta de que necesitaba ser un atleta para triunfar".
(Javier Rodríguez)

SOBRE EL AUTOR

Jorge Martínez (Madrid, 27 de abril de 1998) es licenciado en Periodismo y Comunicación Audiovisual. La pasión por el deporte que sintió desde joven se unió con su curiosidad por cómo transmitirla. Especialmente en el baloncesto, un deporte siempre a la sombra del fútbol y que él mismo decidió practicar desde pequeño. Con experiencia en diferentes medios y portales españoles, ha cubierto al Real Madrid de Baloncesto y torneos como la Copa del Rey.

www.ingramcontent.com/pod-product-compliance
Lightning Source LLC
Chambersburg PA
CBHW022004120726
47992CB00001B/404